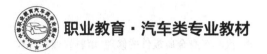职业教育·汽车类专业教材

汽车车身修复技术

（第3版）

黄 平 主编

人民交通出版社

北京

内 容 提 要

本书是职业教育汽车类专业教材。其内容主要包括：认知汽车车身构造、汽车车身金属板件的修理、填料修理车身板件及非金属件的修理、车身焊接、车身的切割更换与防腐、车身附件的维修、车身与车架碰撞损伤的修理，共计七个项目。

本书可作为职业院校汽车车身修复专业的教材，亦可供相关技术人员学习参考。

本书配套数字资源，读者可免费扫码观看和在线学习；本教材同时配有教学课件，教师可通过加入汽车中职教研讨群（**QQ:111799784**）获取。

图书在版编目（CIP）数据

汽车车身修复技术 / 黄平主编. —3 版. —北京：
人民交通出版社股份有限公司, 2025.2. —ISBN 978
-7-114-19803-8

Ⅰ. U472.4

中国国家版本馆 CIP 数据核字第 20245AK470 号

书　　名：	汽车车身修复技术（第3版）
著 作 者：	黄　平
责任编辑：	郭　跃
责任校对：	卢　弦
责任印制：	张　凯
出版发行：	人民交通出版社
地　　址：	(100011) 北京市朝阳区安定门外外馆斜街 3 号
网　　址：	http://www.ccpcl.com.cn
销售电话：	(010)85285911
总 经 销：	人民交通出版社发行部
经　　销：	各地新华书店
印　　刷：	北京科印技术咨询服务有限公司数码印刷分部
开　　本：	880×1230　1/16
印　　张：	11.5
字　　数：	265 千
版　　次：	2005 年 12 月　第 1 版
	2016 年 7 月　第 2 版
	2025 年 2 月　第 3 版
印　　次：	2025 年 2 月　第 3 版　第 1 次印刷
书　　号：	ISBN 978-7-114-19803-8
定　　价：	36.00 元

(有印刷、装订质量问题的图书，由本社负责调换)

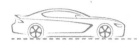

Preface 第 3 版前言

教材编写团队以习近平新时代中国特色社会主义思想为指导,贯彻落实《国家职业教育改革实施方案》《教育部办公厅关于加强和改进新时代中等职业学校德育工作的意见》《关于深化现代职业教育体系建设改革的意见》等文件精神,以立德树人为根本任务,把弘扬传统文化、工匠精神、职业精神融入教材内容。

本次修订工作是在上一版教材基础上增加新知识,更正疏漏之处。主要内容包括:

1. 将近年来全国职业院校技能大赛竞赛内容转化为实践教学内容,学生评价标准对接竞赛标准;

2. 深入企业调研,梳理实际生产任务,转化为教学任务,将行业企业标准融入教学标准;

3. 将"1+X"证书课程融会贯穿到教学内容中;

4. 将全国技能大师、全国技术能手风采作为思政教育素材融入教材,从教材角度出发,实施"岗课赛证"融通的教学改革,为培养技术技能型人才而努力。

本书由青海职业技术大学黄平担任主编。具体编写分工为:黄平编写项目二、项目三、项目六和项目七,郭文彬编写项目一、项目四和项目五,王小栋及青海嘉德汽车销售服务有限公司刘小军编写各项目中任务实施单及评分表。

限于编者经历和水平,教材内容难以覆盖全国各地中等职业学校的实际情况,希望各学校在选用和推广本系列教材的同时,注重总结教学经验,及时提出修改意见和建议,以便再版修订时改正。

编 者
2024 年 7 月

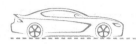

Contents 目录

项目一　认知汽车车身构造 ······· 001
　任务一　轿车车身结构认识 ······· 001
　任务二　车身材料辨别 ······· 018
　思考与练习 ······· 026

项目二　汽车车身金属板件的修理 ······· 028
　任务　车身局部凹凸变形的修复 ······· 028
　思考与练习 ······· 051

项目三　填料修理车身板件及非金属件的修理 ······· 053
　任务一　用塑料填料修补凹痕 ······· 053
　任务二　车身塑料件的修复 ······· 054
　思考与练习 ······· 064

项目四　车身焊接 ······· 066
　任务一　用 CO_2 保护焊对车身后围侧板进行局部挖补 ······· 066
　任务二　用氧-乙炔焊修复车身钣金件裂纹 ······· 073
　任务三　用点焊或塞焊更换前车身悬架支承构件 ······· 080
　思考与练习 ······· 096

项目五　车身的切割更换与防腐 ······· 099
　任务一　更换下边梁 ······· 099
　思考与练习 ······· 115

项目六　车身附件的维修 ······· 117
　任务一　汽车玻璃的拆装 ······· 117
　任务二　车门调整 ······· 124
　任务三　汽车锁的维修 ······· 130
　任务四　内外装饰件的维修 ······· 133
　思考与练习 ······· 142

项目七　车身与车架碰撞损伤的修理 ·· 143
　任务一　车身车架变形的测量 ·· 143
　任务二　轿车前部碰撞变形的校正 ·· 153
　思考与练习 ·· 174

参考文献 ·· 177

项目一
认知汽车车身构造

学习目标

知识目标

1. 简单叙述车身分类；
2. 简单叙述大客车和货车的车身构造；
3. 正确描述轿车的车身结构和车身常用材料的特性。

能力目标

1. 能够分析常见轿车、大客车和货车的车身类型和车身构造；
2. 能识别常见汽车车身材料的类型及其性能。

素养目标

1. 具有良好的职业道德与职业素养、高水平的技术素养和责任心；
2. 具有自我学习汽车新知识、新技术的主动探索精神，获取解决问题的方法和能力。

任务一 轿车车身结构认识

任务描述

一辆吉利帝豪轿车发生碰撞来厂维修，需要更换左前翼子板。

理论学习

一 车身分类

1 车身的作用

汽车车身是用来运送乘客和货物，并保护其免受尘土、雨雪、振动、噪声、废气等侵袭的具有特定形状的结构。它作为汽车上与发动机、底盘相并列的三大组成之一，对行驶安全、乘坐舒适、运输效率等均有很大影响。

车身应保证汽车具有合理的外部形状，在汽车行驶时能有效地引导周围的气流，以减少空气阻力和燃料的消耗。此外,车身还应有助于提高汽车行驶稳定性和改善发动机的冷却条件,并保证车身内部的良好通风。同时,车身还具有保护乘员和货物安全的作用。

汽车车身是一件精致的综合艺术品,以其明晰的雕塑形体、优雅的装饰以及悦目的色彩使人获得美的感受,美化人们的生活环境。

电子技术和材料科学的进步,大大推进了车身向豪华化、多样化、居室化、商务化方向发展,提高了驾驶人的操纵方便性和乘员的舒适性,以适应现代人生活和工作的需要。

❷ 车身的结构

汽车车身结构主要包括:车身壳体及门窗,前后钣金件,车身附件,内外装饰件,座椅以及通风、暖气、冷气等空气调节装置。在货车和专用汽车上还包括车厢和其他专用装备。

(1) 车身壳体:是一切车身零、部件的安装基础,是由纵梁、横梁和支柱等主要承力元件以及与它们相连接的板件共同组成的刚性空间结构。客车车身都具有明显的骨架,而轿车车身和货车驾驶室大多数没有明显的骨架。

① 按壳体的结构形式分为骨架式、半骨架式和无骨架式三种。

骨架式:像骨骼彼此连接成一个整体,蒙皮就固定在骨架上。应力由骨架承受,蒙皮不承受应力。这类车身壳体的整体刚度好、承载能力强,多用于城市客车、长途汽车、游览客车等。

半骨架式:只有部分骨架(如单独的立柱、拱形梁和其他加固件)。它们既可彼此相连,也可借蒙皮相连。半骨架式结构简单、节省空间,在轻型客车、载货汽车驾驶室等车身壳体上应用较为广泛。

无骨架式:没有骨架,而是利用各蒙皮相互连接时所形成的加强筋或钣壳来代替骨架。无骨架式能减轻车身的重量,具有质量小、刚性好和强度高等优点,被普遍应用于轿车上。

② 按壳体的受力情况可分为非承载式、半承载式和承载式三种。

非承载式车身:其特点是车身与支架通过弹簧或橡胶垫作柔性连接。安装在车架上的车身对车架的加固作用不大,汽车车身仅承受本身的重力、它所装载的人和货物的重力及其在汽车行驶时所引起的惯性力和空气阻力。其优点是:车身和车架能分别制造,其间装有减振元件,乘坐舒适、平稳;改型容易。其缺点是:质量大,汽车质心高,需要用大型冲压设备来压制车架。

半承载式车身:其特点是车身与车架用螺栓连接或铆接、焊接等方法刚性地连接。车身除承受非承载式车身承受的各项载荷外,还分担车架的部分载荷,即车身对支架有加固作用。其优点是因省去了车身底梁而使质量减小,车身内部高度增加。

承载式车身:其特点是没有车架,发动机和底盘各总成直接安装在车身上。所有载荷全部由车身承受。由于取消了笨重的车架,所以减小了汽车的整车质量,地板高度下降,制造时也无须大型压床等昂贵设备。缺点是来自传动系和悬架的振动与噪声将直接传入车内,且易引起空腔共鸣。此外,车身因碰撞而变形、损坏后修复较困难。

(2) 车身钣金件:包括散热器框架、翼子板、挡泥板等。

(3) 车身附件:包括门锁、门铰链、玻璃升降器、各种密封件、风窗刮水器、风窗洗涤器、遮阳板、后视镜、扶手、点烟器、烟灰盒等。

(4)车内外装饰件：车外装饰件主要指装饰条、车轮装饰罩、标志、浮雕式文字等；车内装饰件包括仪表盘、顶篷、侧壁、座椅等的表面覆饰以及窗帘和地毯。

此外，座椅也是车身内部重要装置之一。座椅由骨架、坐垫、靠背和调节机构等组成。通风、暖气、冷气等空气调节装置是维持车内正常环境，保证驾驶人和乘员安全舒适的重要装备。

❸ 车身分类

汽车车身分为三大类：轿车车身、客车车身和货车车身。

(1)轿车车身：轿车车身的形式各式各样，多姿多彩，分类方法也有多种。

按使用要求可分为普通轿车、旅行轿车、高级轿车、活顶轿车等(图1-1)。

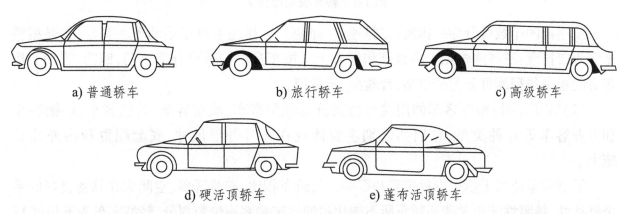

图1-1 轿车按使用需求分类

根据外形可分为折背式、斜背式、平背式、短背式等。

折背式车身有明显的发动机舱、客厢、行李舱。车身顶盖与车身后部呈折线连接(图1-2a)。

斜背式车身的特点是后风窗与行李舱连接线近似平直线，如图1-2b)所示。

平背式车身的后背近似呈直线，如图1-2c)所示。

短背式车身的特点是与后窗行李舱盖为一整体的后部车门，车身顶盖向后延伸与车身后部也成折线。该种车身可缩短整车总长，减小后悬长，增大离去角，使汽车通过性提高，如图1-2d)所示。

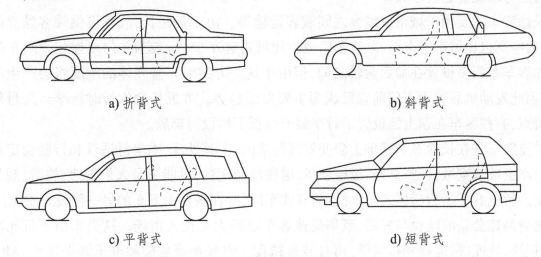

图1-2 轿车按外形分类

根据功能分为三厢式轿车、两厢式轿车，如图1-3所示。

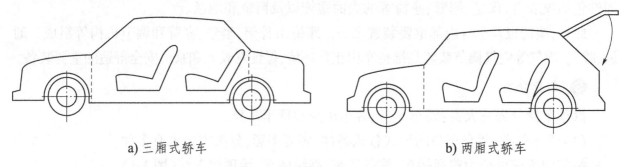

a) 三厢式轿车　　　　　　　　　　　　b) 两厢式轿车

图1-3　轿车按功能分类

按座椅的排数可分为一排座、二排座、三排座。一排座常见于运动车和赛车，普通型轿车多为二排座，三排座多见于高级豪华轿车上。按车身的门数可分为二门、四门、五门。按车身配置豪华程度可分为豪华型、普通型、简易型。

(2) 客车车身：根据客车的用途可将其分为轻型客车、城市客车、长途客车、卧铺客车和专业客车等几种类型，它们的区别主要体现在车身外形尺寸、底盘配置和内外部设施上。

轻型客车适用于载运少量乘客和行李。与轿车相比，它载客多、空间大并具备良好的乘坐舒适性，越野性能也是普通轿车所不能比拟的。按乘客座位数划分，轻型客车为不超过17座的单层客车，车身壳体有半骨架、无骨架等结构形式，座位数较多的轻型客车以非承载式车身为主，座位数较少的轻型客车则更流行承载式结构。

城市客车主要用于城市及周边地区的短途载客运输。由于站距短且乘客上下频繁，车内只设少量座位，从而使供乘客站立、走动的通道尽可能宽敞，乘客容量也因此扩大。乘客车门数也比其他类型的客车多（一般不少于两个）。城市客车的一种变形车是铰接式城市客车，由铰接装置连接起来的两个刚性车厢体组成，乘客可以在两节车厢内自由走动。城市客车的另一种变形车是双层客车，将乘客安排成为上下两层，具有载客量大和便于城市观光等特点。城市客车多为有骨架半承载式车身，承载面低使第一步台阶离地高度小，车内净高、中间通道等均比普通客车大。

长途客车主要用于城市或城乡之间载客运输等。由于运距长，故不设供乘客站立的位置，车内净高也比城市客车低，乘客车门数也比城市客车少（一般为单门或加装中间车门）。以往的客车车门多设置在前后两轴之间，但由于这一方案对车身壳体的刚度将会产生不良影响，因此发动机后置而车门前置已成为主要发展趋势。考虑长途旅行时行李运送量较大这一特点，有些客车在顶上还设置了行李架或地板下增设行李舱。

游览客车是在长途客车基础上演变发展起来的，但其外观、乘坐舒适性和行驶稳定性等均佳。车窗玻璃宽敞、视野良好、设施豪华、居住性能优良，更能满足人们消遣、旅游、观光等的需要。游览客车多为后置式发动机、前置式车门，并在乘客上下车的另一侧设有安全门。

随着高速公路的建设与发展，豪华高速客车已经大量投入市场。这类车型不仅比功率大、车速高、性能好、能耗和排放低，而且装备精良。空气弹簧悬架和电子调平装置、ABS防抱死装置、冷暖空调系统、车载卫生间、高保真音像系统、电子控制缓速器等应有尽有，有的车甚至装用了 GPS 卫星定位系统。

(3) 货车车身：载货汽车车身主要由驾驶室和车厢两大部分组成。随着人们对安全性、使用性、舒适性的要求，载货汽车车身也演变成多种类型，尤其是驾驶室的多样化显得更为突出。

①载货汽车车身的分类：载货汽车的分类方法主要依用途而定，载货汽车车身的结构也由此而定。

普通载货汽车多为平头式（厢式）驾驶室，驾驶室底板布置在发动机和前轴的上方。这种布置方案的长度利用系数（汽车的有效长度与总长之比）高。相同的轴距可使驾驶室最短，车厢的长度和容积也因此有条件增大。

全挂牵引车专门或主要用于牵引全挂车，也可以像普通载货汽车那样用货箱载货，具有载货和牵引全挂车双重功能。全挂牵引车的设计牵引力较大并具备自身载货能力，车架后端的牵引钩可与全挂车安全连接，以合理的轴荷分配确保牵引力的输出。

半挂牵引车专门用于牵引半挂车，由于牵引车与半挂车以鞍式连接，故也称这种半挂牵引车为鞍式牵引车。半挂牵引车的轴距比普通载货汽车及全挂牵引车短，这样可以缩小转弯半径，提高牵引车的机动性能。半挂牵引车的轴间（相当于货厢位置）装有鞍式牵引座，是用于连接半挂车的专门机构。

专用载货汽车是指为运输货物而加装特殊车厢的汽车，如厢式车、冷藏车、容罐车、自卸车、混凝土运输车等。专用载货汽车多用带驾驶室的底盘总成改装而成，故主要区别在车厢，而与驾驶室无关。

②载货汽车货厢（车厢）分类：因所装货物的不同，货车车厢有低栏板式、高栏板式、带有顶篷式的普通货厢、自动倾卸式、容罐式及厢式等多种结构形式。

二 轿车车身构造

❶ 轿车车身的作用

车身既是保护乘员和行李的工具，也是汽车的主要承载部件。随着社会的发展，人们对物质生活的需求逐步增大，作为交通和运输工具的轿车，越来越受到重视。在各国汽车产品中，轿车产量约占 75%，人们对轿车的多样化要求越来越强烈，而轿车多样化的主要体现就在车身。很多人在选择轿车时，首先考虑的已不是发动机和底盘的结构及性能，而是车身的式样和装备了。

❷ 轿车车身的组成

轿车车身是轿车的一个重要组成部分。由车身本体、内外装饰件和附件等组成。

(1) 车身本体。

车身本体是轿车承载的主体，它由梁、支柱、加强板等车身结构件和车身覆盖件组合而成，并包括翼子板、车门、发动机舱盖和行李舱盖等。它是车身内、外装饰件和电气附件的装载基体。

梁和支柱等车身结构件焊接成框架结构，使车身形成一整体式壳体结构，具有一定的强度和合适的刚度,起主体承载作用。

车身覆盖件是指车身上各种具有不同曲面形状及大小尺寸的薄板。车身覆盖件覆盖安装在车身本体上,使车身形成完整封闭体,并满足室内乘员乘坐的要求。同时,通过它来体现轿车的外形并增强轿车车身的强度和刚度。

(2)车身外装件。

车身外装件是指车身外部起保护或装饰作用的一些部件,以及具有某种功能的车外附件。主要外装件有:前、后保险杠,各种车身外部装饰条,密封条,车外后视镜,散热器罩,车门机构及附件等。

当轿车发生纵向碰撞时,前、后保险杠起一定的保护作用,减轻汽车的破坏程度,保护乘员安全,同时起装饰作用。因此,轿车前、后保险杠的外部造型应与轿车的整体造型协调一致。

密封条除了起密封作用外,其外露部分的形状与颜色应与整车相匹配,起装饰作用。其他外装件除了完成车身应具有的功能外,都应对整车起装饰和点缀的作用。

(3)车身内装件。

车身内装件是指车内对人体起保护作用的或起内装饰作用的部件,以及具有某种功能的车内附件。主要内装件有:仪表板,座椅及安全带,安全垫,安全气囊,遮阳板,车内后视镜,车内地板及各种内饰件等。

(4)车身附件。

车身附件包括各种锁机构、玻璃升降器、刮水器、内外后视镜、遮阳板以及车用空调系统等附属装备。

❸ 轿车车身本体结构

轿车车身本体是指车身结构件与覆盖件焊接的总成,并包括前翼子板、车门、发动机舱盖、行李舱盖等。它由前部、中部、后部三部分组成,如图1-4所示。

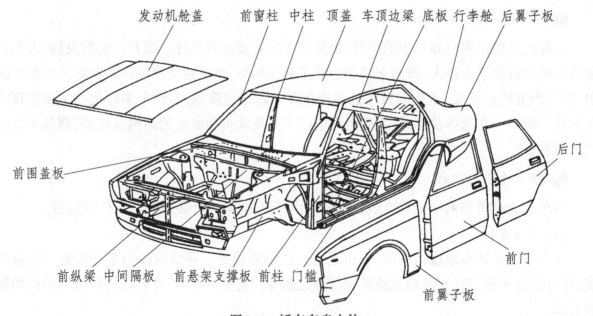

图1-4 轿车车身本体

(1)前车身(图1-5)。

前车身主要由翼子板、前段纵梁、前围板及发动机舱盖等构件组成。大多数轿车的前部除装有前悬架及转向装置等总成外,一般还装有发动机总成。当汽车受到正向冲击时,主要靠前车身来有效地吸收冲击能量。

轿车多采用独立悬架方式。所以,前车身不仅受力复杂,而且对汽车行驶稳定性也起着重要保障作用。

针对前车身的受力特点,一般将前悬架支撑座的断面制成箱形封闭式结构。为了提高汽车受冲撞时对冲击能量的吸收效率,纵梁的截面变化也较为明显,使之适应不同断面上的载荷变化。

除此之外,由于大多数轿车的前车身还兼作发动机舱,故纵梁上还钻有许多用于装配发动机总成及其他附件的装配孔。上部的发动机舱盖,用于将发动机舱封闭并起导流作用。

发动机舱盖支撑架和中间隔板(图1-6)位于乘客室前部,与前围板连接形成发动机舱与乘客室的屏蔽。两端与壳体前立柱和前端纵梁组焊成一体,使车身整体的刚性更好。发动机舱盖通过铰链与其装配在一起。

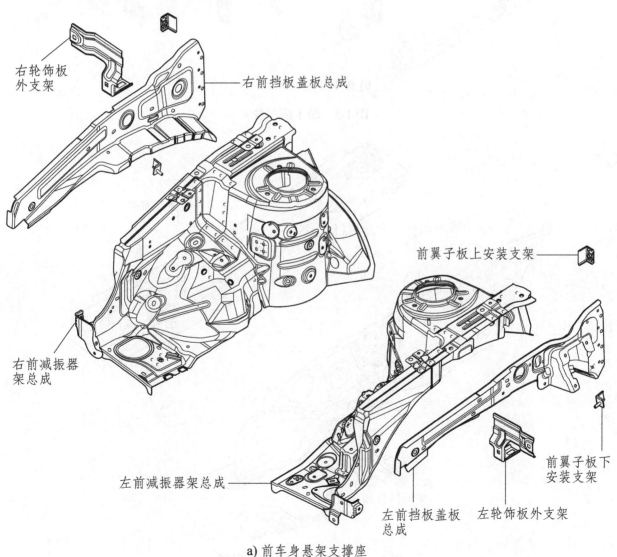

a) 前车身悬架支撑座

图 1-5

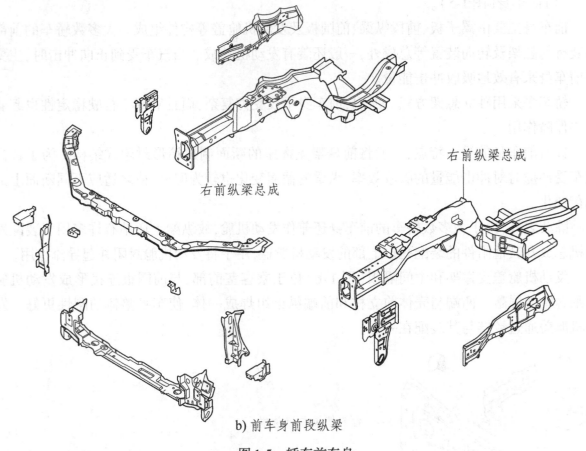

b) 前车身前段纵梁

图 1-5 轿车前车身

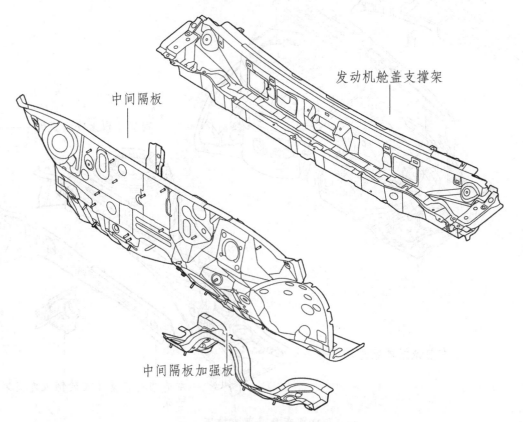

图 1-6 发动机支撑架与中隔板

翼子板与车轮拱形罩同属前车身的主要覆盖件,它不仅起着使车身线条流畅的作用,而且使前车身的整体性更强。

(2)中间车身。

中间车身在汽车行驶中除承受上下弯曲的弯矩外,还要承受来自不同方向的扭曲力矩。此外,车身下部的冲击与振动也通过车身底板向上部扩散;汽车发生碰撞或颠覆事故时,也需要由中间车身来抵抗变形。中间车身由前支柱、中支柱、车顶边梁、后挡泥板、门槛、门框及覆盖件等组成。中间车身的构造如图1-7所示。

侧体门框、门槛及沿周采用高强度钢制成抗弯曲能力较高的箱形断面。侧体框架的中柱、边框、车顶边梁、侧体下边梁等的结构件,也采用封闭形断面结构(图1-7b)。车顶、车底和立柱等构件,均以焊接方式组合在一起。为防止载荷在接合部形成应力集中,多采用图中所示的圆弧过渡形连接。

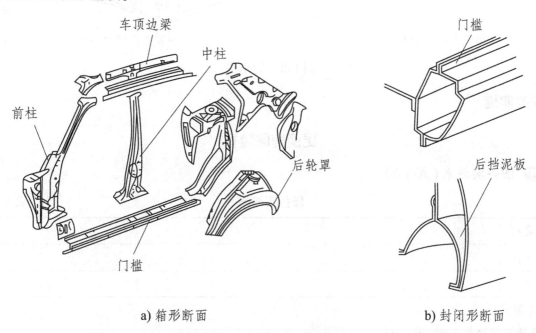

a) 箱形断面　　　　　　　　b) 封闭形断面

图1-7　中间车身的构造

车身底板除了选用高强度钢板冲压外,还配置了承载能力强的车身纵梁和横梁。车身测量与维修用的基准孔也设计在车身的横、纵梁上。

车顶的形式一般比较简单,有些轿车出于采光和通风等方面的要求,在车顶适当部位开设天窗,并装有彩色玻璃。车顶天窗的开启多为以电动推拉结构为主。

(3)后车身。

轿车后车身是指乘客室后侧用于放置行李、物品的那一部分,主要由后翼子板、后窗柱、后门槛、后纵梁及其覆盖件等组成(图1-8)。三厢式车有与乘客室分开的行李舱(图1-8a),而两厢式车的行李舱则与乘客室相通合为一体(图1-8b)。

后车身的主要载荷来自汽车后悬架,尤其是后轮驱动的车辆,驱动力通过车桥、悬架直接作用于车身上。为确保后车身的强度,车身纵梁由中间车身径直向后延伸,到后桥部位再形成拱形弯曲。这样,既保证了后车身的刚度,又不至于使后桥与车身发生运动干涉。而且,当车身后部受到追尾碰撞时,还能瞬时吸收部分冲击能量,以其变形来实现对乘客室的有效保护。

后车身的行李舱盖与发动机舱盖的结构相似,两厢式车的行李舱盖上装有玻璃,还起着后风窗的作用。

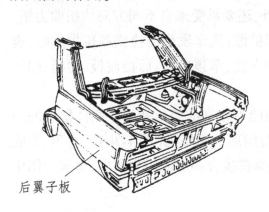
a) 三厢式车的行李舱

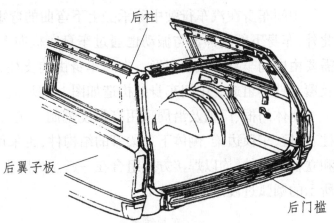
b) 两厢式车的行李舱

图 1-8 后车身

任务实施

更换前保险杠

1 任务实施表(表1-1)

任务实施表　　　　　　　　表1-1

任务名称	
任务时间	
小组成员	
任务要求: (1)拆卸保险杠盖板(图1-9)。 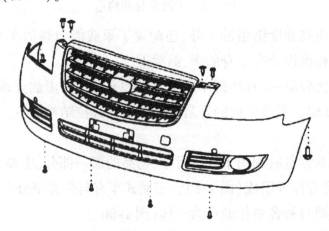 图 1-9 吉利帝豪轿车前保险杠盖板装配图 ①从下方旋出螺栓。 ②将螺栓从左右车轮罩内钣区域旋出。 ③旋出螺栓。	

010

④将保险杠盖板平行的从导向型材中拉出。
⑤脱开雾灯连接插头,将保险杠盖板放置一旁。
(2)拆卸前翼子板衬板(图1-10)。

a) 取下前翼子板轮眉饰板

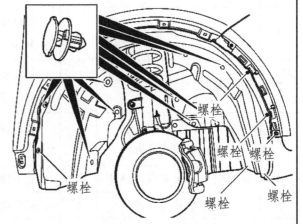
b) 取下前翼子板衬板固定螺钉

图1-10 拆卸前翼子板衬板

①拆卸车轮。
②旋出螺栓。
③将车轮罩内板取出。
(3)拆卸翼子板侧面转向灯。
(4)拆卸前保险杠导向型材。
(5)如图1-11所示旋出螺栓2,并取下翼子板3。

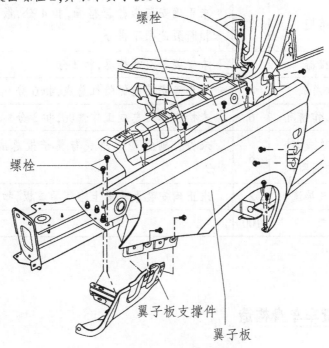

图1-11 吉利帝豪轿车翼子板装配图

安装按照与拆卸相反的顺序进行,注意接缝的平行度和尺寸间隙。

❷ 评分细则表(表1-2)

评分细则表 表1-2

序号	评分项目	配分(分)	评分细则描述	扣分	得分
1	安全防护	4	未穿戴工作服、安全鞋,或未视情适时佩戴线手套、护目镜、耳塞、口罩,每项扣1分		
2	工位准备	6	未准备专用翘板工具,扣3分;未设置大件摆放处或大件零件车,扣3分		
3	拆卸散热器上空气导流板固定卡扣	6	未正确拆卸散热器上空气导流板固定卡扣,扣2分		
4	拆卸散热器上空气导流板	4	未正确拆卸散热器空气导流板,扣2分		
5	拆卸散热器格栅	4	未正确拆卸散热器格栅,扣2分		
6	拆卸前保险杠总成固定螺栓	8	未正确拆卸前保险杠总成固定螺栓,扣2分		
7	拆卸雾灯插接器	4	未正确拆卸雾灯插接器,扣2分		
8	拆卸前保险杠总成	8	未正确拆卸前保险杠总成,扣6分		
9	拆卸散热器格栅	6	未正确拆卸散热器格栅,扣2分,散热器格栅卡扣断裂此项不得分		
10	拆卸雾灯总成	6	未正确拆卸雾灯总成,扣3分		
11	安装雾灯总成	6	未正确安装雾灯总成,扣3分		
12	安装散热器格栅	8	未正确安装散热器格栅,扣4分,散热器格栅卡扣断裂此项不得分		
13	安装雾灯插接器	6	未安装雾灯插接器,扣3分		
14	安装前保险杠总成	8	未正确安装前保险杠总成,扣6分		
15	检查雾灯总成工作情况	6	未检查雾灯总成工作情况,扣3分		
16	检查前保险杠总成与翼子板总成的间隙	8	未检查前保险杠总成与翼子板总成间隙,扣4分		
17	安装散热器上空气导流板	2	未正确安装散热器上空气导流板,扣2分		
	总分	100			

知识拓展

一 大客车和货车车身构造

❶ 大客车车身构造

(1)客车车身结构形式。

客车车身的结构有非承载式、半承载式、承载式、骨架式和无骨架式等类型,构件强度和刚度问题给客车钣金维修任务带来一定难度。

大、中型客车一般采用骨架式结构。在客车发展的初期，其车身通常由改装厂专业化生产，然后安装在货车底盘上，故一般采用非承载式结构。为了减小车身质量，降低重心高度，在上述基础上将车架横梁加宽并与车身侧壁骨架直接作刚性连接就成为半承载式结构。带车架的半承载式结构的客车如图 1-12 所示。

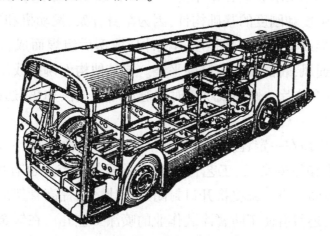

图 1-12 带车架的半承载式结构的客车

承载式车身又分为基础承载式和整体承载式两种结构。图 1-13 所示为基础承载式结构。它具有贯通式纵梁和一些与车身等宽的横梁。车身骨架就与这些横梁刚性连接，使整个车身与底架形成一个刚性空间承载系统。底架纵梁和横梁的高度可达 500mm 以上，一般采用薄壁钢管或薄钢板来制造，以便在保证刚度和强度的前提下减小质量。由于其底架纵梁高度较大，使车厢内高度较小，不可能布置站席，但底板下方较大的空间可用作行李舱，故适用于大型长途客车。

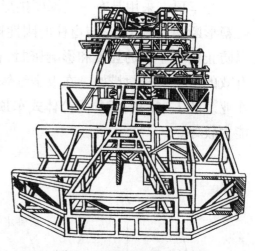

图 1-13 基础承载式结构

图 1-14 所示为整体承载式客车车身。所有的车身壳体构件（包括内、外蒙皮）都参与承载。车身底部取消了贯通式纵梁，而采用一种"格子梁式结构"。这种车身经过精心设计，使各构件承载时相互牵连和协调，以充分发挥材料的最大潜力，使车身质量最小而强度最大。

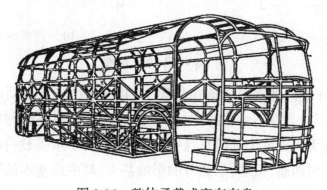

图 1-14 整体承载式客车车身

(2) 客车车身的主要构件。

无论车身的具体结构与用途如何,均可划分为基础性构件和非基础性构件两类。基础性构件则是客车车身的主体,其中,非承载式车身主要由骨架、底架、车顶、前围、后围、蒙皮等组成。

① 底架与车架。无车架承载式客车车身虽然没有独立的车架,但取而代之的车身底架则成了必须有足够的强度和刚度的基础构件,因为车身骨架、发动机和底盘的主要总成都直接装配在底架上。底架或车架多用高强度钢板冲压成型后组焊而成,采用封闭型截面梁时应注意端口的封闭与通风,表面锐边应修磨平整。与其他构件铆接或用螺栓连接时,应夹垫约1mm以上厚度的减磨垫片。修补或矫正时应避免用火焰法加热;选择电焊条时亦应根据钢材的特性而定。

② 骨架。车身的寿命在一定程度上取决于骨架的耐久性、刚性和强度。一般用特种异形钢管加工而成,具有使用寿命长、工艺性好和质量轻等优点。也有用高强度钢板冲压成"Ω"形截面骨架,再借助车身外蒙皮将开口封闭的设计。为提高骨架的防腐蚀能力,除了在结构上解决通风之外,还留有便于防腐涂装作业的喷涂工艺孔。在钣金维修作业过程中,应注意加以利用。

③ 车顶。采用具有一定深度拱形顶盖,可使车顶的承载能力得到提高,沿顶盖的周边是箱形断面的圈梁,它与窗柱的刚性连接提高了车身的整体性。顶盖上部不宜开设天窗,以防止削弱车顶的强度和影响密封,否则,应避开顶盖的拱形梁和顶盖纵梁,并采取行之有效的防锈与密封措施。在钣金维修作业中会遇到车顶排水槽(俗称水沿)的更换或修补作业。图1-15a)所示的为分体式车顶排水槽;图1-15b)所示的一体式排水槽,防水、防锈能力较好。

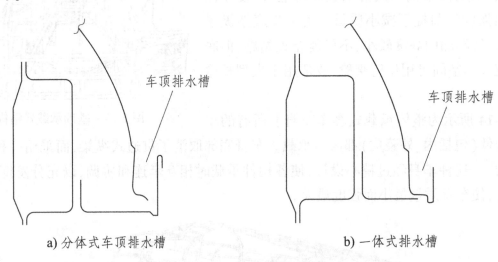

a) 分体式车顶排水槽　　　　　　b) 一体式排水槽

图1-15　车顶排水槽

④ 蒙皮。骨架式车身的外蒙皮覆盖在骨架上,并以此构成了不同曲面的客车外形。非承载式车身的蒙皮可以认为是不承载的;对于承载式车身,蒙皮还要与骨架一起承受车身变形时的剪切应力;而在无骨架或半骨架车身中,外蒙皮也属于承受载荷的构件。车身蒙皮装配选择何种连接形式,对防腐、振动、承载等的影响甚大,其中最基本的要求是蒙皮必须与构件连接紧密。蒙皮属于平面板件或圆弧面板件,容易发生强迫振动,是车身上刚性最差的构

件,也是车身产生噪声的主要根源。减少板件振动的最好方法是,采用预应力张拉蒙皮或利用板面形状来提高它的刚度。

(3) 客车车身的典型构造。

尽管汽车底盘与车身的装配方法不同,但同一种类型(指按骨架式、薄壳式、嵌合式等)的车身却有着许多异曲同工之处。

① 骨架式客车车身。骨架式客车车身(图1-16)以组焊成的独立的骨架为基础,装配车门、风窗、车窗、顶盖和底板等。结构应力主要由底板、顶盖和侧围骨架承受。主要由前围、后围、左右侧围、顶盖与天窗、底架与地板等若干单元组成。

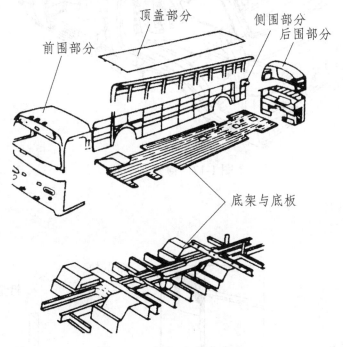

图1-16 骨架式客车车身

② 薄壳式车身。薄壳式车身(图1-17)又称为"应力壳体"式车身结构,是飞机机身薄壳结构的移植和运用。构成车身整体并起骨架作用的是板块式构件,结构应力亦由这些板式构件承担,如:顶盖、车底、侧板、车前构件等。这类薄壳式车身结构的优点在于整体刚度好、材料消耗少、壳体质量小、工艺性好和生产效率高等。但承载能力却受车身的整体尺寸的限制,门窗立柱往往较粗。

薄壳式客车车身的车底,用优质钢板冲压而成并加焊了贯通式纵梁和横向加强结构。车内地板覆盖以隔音、绝热、密封为目的的底板装饰材料。

③ 嵌合式车身。嵌合式车身(图1-18)虽然没有组焊而成的独立骨架,但也不同于直接用预制构件组焊成的车身,而是根据不同部位的受力情况,将车身侧壁挤压成型的型材嵌合而成。型材嵌合后还将环氧树脂挤入车身构件的连接部,硬化后即可将型材牢固地黏结在一起。

车身型材有纵向整体式加强筋,可用铆接方式与竖框刚性连接。铝板与内壁形成的夹层结构中,充填经发泡处理的氨基甲酸乙酯等绝缘材料,使整体密封和承载能力得到保证与提高。

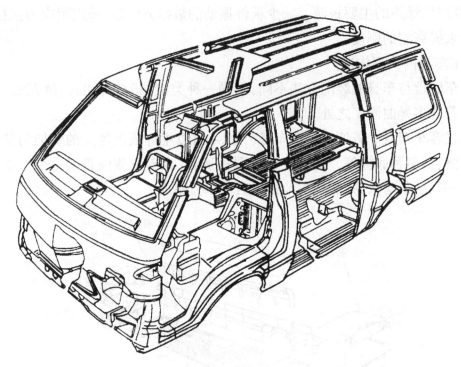

图 1-17 薄壳式车身

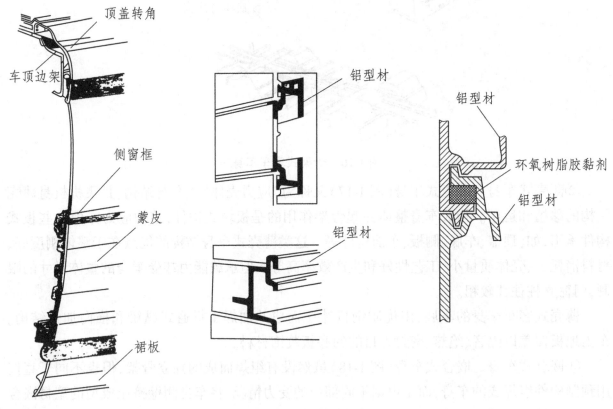

图 1-18 嵌合式车身

2 货车车身结构

(1) 驾驶舱的构造。

载货汽车驾驶舱可以分为图 1-19 所示的几种形式,目前比较流行的是乘坐舒适性好的长头式驾驶舱和长度利用系数高的平头驾驶舱。

这里,仅以载货汽车车身中常见的长头式和平头式驾驶舱为例,分述载货汽车驾驶舱的典型构造。

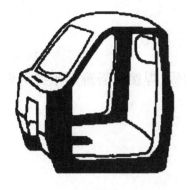　　　　

a) 长头式　　　　　　　　b) 短头式　　　　　　　　c) 平头式

图 1-19　载货汽车驾驶舱

① 平头式载货汽车驾驶舱。平头式驾驶舱置于前轴位置之上,发动机舱移向后部。其中,驾驶舱前部板件、车顶、侧体呈刚性连接,并以强度可靠的风窗立柱、门柱为基础,连接方式则因车型而异。

为提高翻转式驾驶舱前部的整体性,仪表板支架将左右立柱连为一体。前蒙皮又以铆接或焊接方式,将前部构件包起来,形成了合理的车身外形。

② 长头式载货汽车驾驶舱。长头式载货汽车驾驶舱可分为前后两个部分:车前钣金件(俗称车头)和驾驶舱主体。车头部分分为蝶型、鳄口型和车头翻转型 3 种(图 1-20)。3 种车型的驾驶舱主体区别不是很大,差别突出反映在驾驶舱前部的钣金件上。

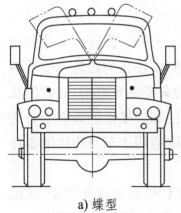　　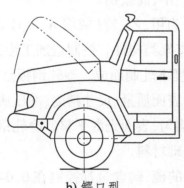　　

a) 蝶型　　　　　　　　b) 鳄口型　　　　　　　　c) 车头翻转型

图 1-20　长头式载货汽车驾驶室

(2) 货厢结构。

普通栏板式货厢一般具有底板和四块高度为 300~500mm 的挡板(前板、后板和左/右边板)。底板通过横梁支撑于下面的纵梁上,车厢纵梁借若干个 U 形螺栓夹紧在车架纵梁上。有少数车厢的底板没有纵梁,其横梁直接安装在汽车车架上,这种结构较轻巧但刚度较差。车厢的栏板又分为三面开和一面开两种形式。

普通栏板式货厢常用的有木结构、钢结构、钢木结构三种。其中钢木车厢是一种混合结构,底板通常采用木材,其余部分则用钢结构。

任务二　车身材料辨别

任务描述

一辆吉利帝豪轿车发生严重碰撞来厂维修,需要焊接车身钢板,焊接前需辨别车身钢板材料。

理论学习

一　车身材料

车身材料品种多、来源广,并具有优良的经济性、使用性和工艺性。尤其是合金材料、表面处理材料,工程塑料及复合材料的广泛应用,对钣金维修人员来说,需要充分了解和认识车身上新材料的要求。

车身用材料大致可分为两大类:金属材料和非金属材料。其中金属材料包括钢、铁等重金属材料,铝、镁、钛等轻金属及其合金材料、粉末冶金材料等;非金属材料包括工程塑料、纤维、玻璃、橡胶、非金属泡沫材料、非金属复合材料等。

1　车身用金属材料

(1)碳素结构钢。

碳素结构钢分为普通碳素结构钢(简称普钢)和优质碳素结构钢(简称优碳钢)。其中,优碳钢还按其含碳量的多少分为低、中、高碳钢。

①普通碳素结构钢。普碳钢分为甲、乙、特(或用 A、B、C 表示)三类。普钢在车身的应用范围很窄,仅限于制作低承载的支架类构件。按制造加工形式划分,还分为热轧与冷轧两大类。热轧钢板是在800℃以上温度下轧制而成。冷轧钢板是将热轧钢板酸洗后,在常温状态下由轧机轧制而成。冷轧钢板的表面质量、尺寸精度、冲压成型性和焊接性能等都十分优越。特别是经调质精轧,可使板厚均匀、表面光滑平整。冷轧钢板除应用于车身构件的制作以外,还可作为镀锌、镀锡钢板的基础材料。

②优质碳素结构钢。优碳钢中的硫、磷含量都控制在0.04%以下;非金属杂质少、质地纯净、组织均匀;有中等范围的抗拉强度(294~490MPa),力学性能及表面质量都很好。

优碳钢中的低碳钢(MILD)在车身上应用得最为广泛。这类钢材的含碳量一般小于0.25%,其特性为:强度、硬度低,但塑性与韧性较高。尤其是冷塑性和焊接性好等优点,使其更适合于车身构件的冲压成型。它也适合于手工成型各种钣金构件,如:各种容器、管子等。

优碳钢的可焊性好,无论采用哪一种焊接方式,都可获得良好的焊接质量。焊接后无淬火组织,不会因加热而脆化。

③低合金高强度结构钢(HSLA)。低合金高强度结构钢的开发与应用,为汽车车身的轻量化开拓了新的途径。低合金高强度结构钢是在普钢的基础上,加入少量合金元素(不超过

3%)制成的,是以降低车身自重、提高车身刚度为目的而开发的新钢种。

与普钢和优碳钢相比,低合金高强度钢在确保延伸率的前提下,具有更高的抗拉强度,高强度钢板的抗拉强度一般在 600N/mm² 以上,其破坏强度为低碳钢板的 2~3 倍,故称为高强度钢板。由于高强度钢的抗拉强度好且屈服点低,不仅抵抗外来冲击的能力大大加强,而且对冲撞能量的吸收性好。容易冲压成型的高拉伸性能和良好的焊接工艺性、突出的冷加工硬化特性等,使低合金高强度钢在车身中的应用显示出了无比的优越性。多用于制造边梁延伸件、车窗上部边护梁,甚至某些车型中的车窗框下部件等。

④高强度钢(HSS)。这种钢增加了硅、锰和碳的含量,使抗拉强度得到提高。高强度钢在新型车辆的许多零部件上得到应用,如翼子板内护板、支柱加强件的上、下部分等构件。高强度钢可以在冷态下拉伸,而且它对于 370~650℃ 的热量非常敏感。不正确的加热温度会损坏钢的强度,因此,必须遵循厂家推荐的加热温度。

⑤超高强度钢(UHSS)。超高强度钢就是一种特种钢材,是将钢材在一个连续的热处理传送带或带钢热轧机上淬火而得到的。这种钢具有两相显微组织(淬硬的马氏体结构和铁素体结构)。车门护梁和保险杠加强件等汽车车身零件均采用超高强度钢制造。它的强度极高,非常坚硬,在冷态下很难或不可能被校正。如果修理时加热不当,钢的高强度会受到破坏,因此,超高强度钢制造的零件损坏后,不能进行修理,只能更换。

⑥马氏体钢。马氏体钢是一种典型的超高强度钢,它的抗拉强度大约是典型低碳钢的 10 倍。车门加固件和某些保险杠加强件是用马氏体钢或者强度极高的高强度钢制成的。在进行修理时,任何再次加热都会破坏这种特殊的成分,并使钢的强度也降低到和低碳钢的强度一样。另外,由于这些钢的强度极高,普通修理设备不能对其进行矫正处理。因此,损坏的马氏体钢和极高强度的钢不可修复而必须予以更换。

⑦车身用特殊钢板材料。从防腐、减振、消噪等目的出发,一些有特殊功能的车身钢板不断问世,克服了以往车身构件存在的一些缺点。

a. 绝缘钢板。为使车身轻量化和提高车身防噪声、抗振动的效果,以硫化工艺将橡胶涂覆于钢板的一侧,是绝缘钢板的典型方案。这种钢板除了具有以上功能外,也可以用于防止钢板表面的机械损伤。

双层夹心绝缘钢板是在两层较薄的钢板之间,夹进具有隔音、吸收振动的合成树脂材料或其他非金属材料,如薄层混合型沥青、橡胶基消音膏等,使车身运行中的消噪效果十分显著。

b. 表面处理钢板。车身上应用较为广泛的是镀锌钢板。镀锌钢板的耐腐蚀、防锈性能好。

表面处理钢板的防锈层有单面、双面之分,板基也有普通冷轧钢板和高强度钢板的区别。采取金属喷涂工艺,在钢板表面上涂以导电性涂料作为防锈层。其中,喷涂锌、镍、锑等单一涂层的,称为单一合金喷涂钢板。喷涂一层以上防腐合金的,称为多层合金喷涂板。双面镀锌钢(TSGS)的两面都有锌镀层。双面镀锌层扩散处理钢,双面均有镀层,但镀锌层已经完全融入钢的表面层内。在喷涂板或电镀板上再涂以有机涂料,成为防锈效果更佳的有机复合涂层钢板。

c. 不锈钢。不锈钢的优越性不只限于使车身装饰件具有光泽的表面,它的抗腐蚀能力、强度、耐久性和免维修性,都是表面处理钢板或其他车身材料所不能比拟的。这主要是因为当它们碎裂、表层脱落或出现龟裂时,随之出现的基体材料防腐蚀问题有一定难度。而不锈钢材料本身从表层到心部都具有抗腐蚀能力。不锈钢的生产还可免除像电镀那样的对腐蚀性废液的中和处理等问题。

要想清楚地知道汽车上哪些部件是用什么材料制成的,可查阅汽车零部件手册。图1-21是BUICK轿车车身主要材料示意图。

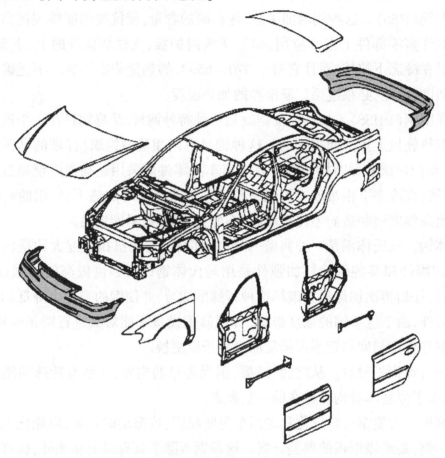

图1-21 轿车车身主要材料

(2)铝合金材料。

铝合金是车身上应用最多的轻质有色金属材料(密度为2.7g/cm³)。铝具有密度轻、塑性好、不易生锈等优点,热传导性及导电性好且具备可焊接性。铝的熔点较低(约为660℃),加热后其力学性能变化极为明显,约600℃时抗拉强度几乎下降为0。相反,延伸率则随温度的提高而大幅度地增加。由于熔点低、硬度低的缘故,冲压加工过程中材料表面易出现拉伤,摩擦力较大时还会发生灼伤。

铝合金焊接工艺性略差,用于中等载荷的零件需在气体保护状态下焊接。需要手工焊接铝合金材料时,应按照特定的焊接工艺,由有经验的人员操作才能获得好的焊接效果。

铸铝合金和压力加工铝合金经表面处理后,成为制造车身零件的优选材料,可以成形复杂的构件。主要用于制造保险杠、车身蒙皮、车轮挡泥罩和车门、底板、裙板的部分构件及保温车厢等;覆膜铝合金可以制造车身装饰镶条、脚踏板、拉手、行李架等。

❷ 车身非金属材料

近年来,塑料、非金属复合材料等非金属材料的使用在车身自重中所占比例明显提高,这些材料约占车身总重的25%(玻璃除外),还出现了所谓的"全塑料车身"。

(1)塑料。

塑料是以石油、天然气、煤为基础原料的各种单体通过聚合、树脂黏合、树脂添加、附加缩合等复杂化学反应而生成的高分子材料。

塑料可分为热塑性塑料和热固性塑料。表1-3列出了汽车常用塑料。

汽车常用塑料　　　　　　　　　　表1-3

符号	化学名	常用名	设计用途	热塑性或热固性
ABS	丙烯腈—丁二烯—苯乙烯共聚物	ABS,克拉拉斯蒂克,ABS塑料,聚苯乙烯	车身板,车身前围板、格栅、前照灯罩	热塑性
ABS/MAT	用玻璃纤维加强的ABS		车身板	热固性
ABS/PVC	ABS/聚氯乙烯	ABS乙烯基		热塑性
EP	环氧树脂	环氧树脂,EPO,阿拉地胶	玻璃纤维车身板	热固性
EPDM	乙烯,丙烯二烯系共聚物	EPDM	保险杠碰撞杆、车身板	热固性
PA	聚酰胺	尼龙,已酰氯	内部装饰板	热固性
PC	聚碳酸酯	莱克桑,城齿	格栅、仪表盘、镜头	热塑性
PE	聚乙烯	涤纶,马勒克斯,乙烯均聚物	内挡板、内装饰板、侧壁板、扰流板	热塑性
PP	聚丙烯	聚丙烯,马勒克斯	内饰件、内装饰板、内挡板、散热器罩、车身前围板、保险杠罩	热塑性
PPO	聚苯氧化物	尼龙	镍铬合金塑料零件、格栅	热固性
PS	聚苯乙烯	乙烯基均聚物,聚苯乙烯,肉桂塑料	前照灯罩、仪表前盖、装饰品	热固性
PUR	聚亚安酯		保险杠罩、前后车身板、衬板	热塑性

续上表

符号	化学名	常用名	设计用途	热塑性或热固性
PVC	聚氯乙烯	吉纶,亚乙烯基,聚氯乙烯	内部装饰条、软衬板	热固性
RIM	反应喷射模注尿烷		保险杠罩	热固性
R RIM	加强的RIM		外部车身板	热固性
SAN	苯乙烯丙烯腈		内部装饰条	热固性
TPO	热塑链烯	TPO	衬板、挡泥板	热塑性
TPR	热塑链橡胶		装饰框板	热塑性
TPUR	聚亚安酯	埃斯坦、聚氨酯弹性塑料	保险杠罩、防砂板、衬板、软仪表盘	热塑性
UP	聚酯	SMC	玻璃纤维车身板	热固性

热塑性塑料成型前即是高分子状态,将其加热至软化点,使其具有一定的流动性而流动成形,它可分为通用热塑性塑料和工程塑料。

热固性塑料是把分子量1000以下的一次树脂加热熔化,然后浇入模中加压、加热,使一次树脂连接而成高分子的成型材料。

(2)玻璃钢。

制造全塑车身最有代表性的材料是环氧树脂玻璃钢和聚酯树脂玻璃钢。聚合作用的结果可使树脂转变成为固态。如果在聚合过程中与起增强作用的多层玻璃布结合,便获得了适合于制造车身壳体的聚酯树脂材料。用于制作玻璃布的玻璃纤维丝的直径为0.025mm,并均匀分布于不同方向,这可以确保聚酯树脂产品具有均匀的强度和良好的力学性能。其抗拉强度一般在246MPa以上,抗弯强度在392MPa以上。这种聚酯分层塑料就是人们常说的玻璃钢,简称GRP。

用玻璃钢制作的轿车车身壳体,有时只分为上下两个部分。对尺寸较大的车身壳体,也要按车顶、车身侧体、后壁等分成六大板块。

(3)汽车玻璃。

汽车专用玻璃根据用途和加工工艺,主要分为以下几种类型。

①钢化玻璃。通过淬火(钢化处理)可以使普通硅酸盐玻璃的质地变得非常坚固。这种钢化玻璃是通过加热使之达到软化程度时(一般为600℃左右),然后向玻璃两面急速吹送冷风,通过急冷进行所谓"风淬"处理而得到的。玻璃表面冷硬后形成的压应力,使强度得到提高。钢化玻璃的强度和耐冲击能力要比普通玻璃高3~5倍。一旦受到碰撞损伤,就会瞬时变成带钝边的小碎块,不会给人员造成更大伤害。然而,这个特点也有不好的一面,即:重度撞击使玻璃微粒的平衡一旦破坏,就立即成为碎末状态。所以,这种全钢化玻璃不适合镶装在前风窗上。

②夹层玻璃。夹层玻璃是针对淬火玻璃存在的不完善之处而产生的,它是迄今为止最

适合于用作前风窗的安全玻璃。用两块或三块薄玻璃板,中间夹入聚丙烯酸甲脂或聚乙酸脂透明薄膜,使两层或三层玻璃黏结成为一体,形成夹层式安全玻璃。由于夹层玻璃中间的透明胶层能与玻璃取得一样的曲率,故透明度并不受夹胶层的影响。

夹层玻璃的抗弯强度虽不及钢化玻璃那样高,但也并非属于不足。因为安全玻璃的弹性也是重要的评价指标之一,而夹层玻璃的弹性恰恰比钢化玻璃优越得多。而且还具备了钢化玻璃所没有的其他特性,即:当汽车发生冲撞时的抗冲击能力和抵抗变形能力较强;当玻璃受到重创破损时,黏结起来的玻璃也不会像钢化玻璃那样顷刻变成碎片。许多试验和实践都证明,夹层玻璃可以有效减轻撞击事故发生时玻璃碎片对人员的伤害。

③特种用途玻璃。特种用途窗玻璃一般是在钢化玻璃基础上,通过专门的工艺加工出来的具有特殊功能的汽车玻璃。

为了使车窗玻璃具有遮挡阳光照射的功能,在硅酸盐玻璃中加入微量的Co(钴-蓝色)、Fe(铁-红褐色)或其他金属元素,便成了能够抵抗紫外线照射的着色玻璃。有些着色玻璃还能随阳光的强弱自动变化色度,以减少乘客眼睛的疲劳程度,增加了乘坐的舒适性。

前风窗的上部也适于着色,以遮挡阳光对驾驶人的照射。但这种着色玻璃的颜色是逐渐过渡的,在驾驶人正常视野范围内仍为无色透明的。

还有,将能够接收无线电信号的天线夹在玻璃内或显示于玻璃表面,就使风窗玻璃有了接收无线电信号的功能;将电热金属粉按一定的宽度与间隔,在生产过程中与玻璃烧结在一起,通电后就有了除霜功能。这些都是近年来汽车玻璃家族中涌现的有特殊功能的新产品。

(4)绝缘材料。

对绝缘材料的要求是传热系数低、隔音和减振性能好。但很遗憾,要想在一种绝缘材料中同时获得这些优良的指标是很困难的。含有封闭气泡的材料虽然具有良好的隔热、密封性,但这种材料的固有振动频率与隔音所必需的频率相差很远。如果采用几种不同的材料,使其中有一些具备隔音性能,而其他一些对热源的阻断性好,就可以获得互补的效果。

为了隔热,除了采用泡沫塑料外,还可采用纸板、石棉板、织物、棉花(布棉、矿物棉、玻璃棉)等。对于车身内表面来说,一般采用毛毡、垫毯和合成材料制成的衬垫等分层结构,像沥青基和毛毡夹层组成的分层绝缘夹板等。

为防止汽车行驶中由振动而产生的噪声,在车门、驾驶室、轿车和客车车身内壁,都涂覆了用于衰减噪声的绝缘材料,通常有L99-31沥青石棉膏及C98-2黑醇酸隔热胶等。

(5)复合材料。

复合材料是由两种或两种以上化学性质不同的组分人工合成的材料,其结构中主组成相为基体,起黏结作用;另一类组成相为增强相,用以增强材料的力学性能和提高材料的比强度、比刚性等。

复合材料按性能分类,可分为功能型复合材料和结构型复合材料两种;按基体分类可分为高分子基(PMC)、金属基(MMC)和陶瓷基(CMC)复合材料;按增强相的种类、形状分类,可分为颗粒状、层状和纤维增强复合材料。纤维增强复合材料应用最多,高分子基的纤维增强复合材料通常也称纤维增强塑料(FRP),金属的纤维增强复合材料也称纤维增强金属

(FRM)，瓷基的纤维增强复合材料称纤维增强陶瓷(FRC)。纤维增强复合材料还包括碳纤维增强碳素复合材料(C/C)，一般把它列入 CMC 范围。

复合材料在轿车上使用越来越多，车身外板零件如挡泥板、发动机舱盖、车顶盖、保险杠、行李舱盖等，车室内零件如发动机盖、换挡杆套、发动机壳、侧门框装饰、风窗玻璃窗框等都采用复合材料制成。

(6) 橡胶。

轿车上的橡胶件主要有轮胎、橡胶密封件、橡胶防尘罩、橡胶衬套、隔垫类零件等，轿车上的橡胶使用量占轿车自重的 10% 以上。

橡胶分为天然橡胶(NR)和合成橡胶两大类，其中轿车上常使用的合成橡胶有：苯乙烯丁二烯橡胶(SBR)、丁腈橡胶(NBR)、氯丁橡胶(CR)、乙丙橡胶(EPM、PDM)、聚氨酯橡胶(AUEU)等。

❸ 车用材料的最新发展

近年来，轿车的轻量化趋势比较明显，轿车的轻量化是指在保证轿车客厢有足够的乘坐空间和满足被动安全性要求的前提下，尽量地减小轿车的尺寸和自重，使轿车尺寸小、质量轻。这对提高轿车的整车性能，特别是动力性和燃油经济性是十分有效的。而提高轿车轻量化程度最直接、最有效的措施就是采用轻金属材料和非金属材料。轿车车身材料的轻量化是近年来发展的趋势之一。

用高强度钢板代替冷轧钢板，既可提高零部件的强度和刚度，又可减轻质量。用高强度钢板制造的外板构件，质量可下降 10%～15%，制造内部构件时，质量可减少 20% 左右。

在轻金属材料中，铝及其合金在轿车上的应用较早，也越来越多，近年来铝材的使用比例已超过车身总重的 10%，有些轿车的车身本体几乎全部用铝合金制成，如德国生产的奥迪(Audi)A8 型轿车，其车身本体即为铝合金整体式结构。

镁合金、钛合金在车身上的应用与开发，越来越受到人们的重视。

镁在实用金属中是最轻的，密度为 $1.74g/cm^3$，铝的密度为 $2.7g/cm^3$，铁的密度为 $7.87g/cm^3$。镁的资源十分丰富，海水的盐分中含 3.7% 的镁。镁合金的机械加工性延展性均比铝好，用它代替钢材其质量是最轻的。

汽车在材料的使用上，金属材料的非金属化趋势进一步加强。20 世纪 90 年代以来，非金属材料占轿车总重的比例达 25%～30%，其中塑料所占比例最高。

从 20 世纪 70 年代的石油危机开始，汽车的安全、节能、环保已成为研究的重要方向，在非金属材料中，塑料在汽车上的应用越来越广泛。使用初期，塑料因强度不高，耐热性、耐疲劳性差等原因，只用于内装饰件等；随着纤维增强技术的发展，特别是高级工程塑料的出现，其机械性能如强度、刚度以及耐热性等大大地提高，不仅在内装饰件上，在外装件如保险杠、挡泥板、车顶盖、发动机舱盖等众多零部件上使用，在发动机、底盘的许多零部件上也普遍采用。其发展趋势是塑料越来越多地代替金属材料，塑料占整车总重的比例越来越高。塑料的耐蚀性好，抗酸、碱，不生锈，成形容易的优点，在车身上进一步发挥其作用，其强度、耐热性、耐疲劳性、可修复性较差以及废弃处理困难等缺陷将进一步得到改善。

同时，各种复合材料将不断出现。复合材料将向具有高韧性、高抗冲击能力，有可与钢材相比美的高比强度和比刚度,化学稳定性好,有极强的耐腐蚀性,保温、隔热、防振性能优良等方向发展。

随着人类社会的不断进步,科技水平的不断提高,用于轿车车身的新材料还将不断涌现。

任务实施

轿车车身本体结构的认知

任务实施表见表1-4。

任务实施表　　　　　　　　　　　　　　　表1-4

任务名称	
任务时间	
小组成员	

任务要求:根据图1-22所示说出其结构件名称,并填入下表中。

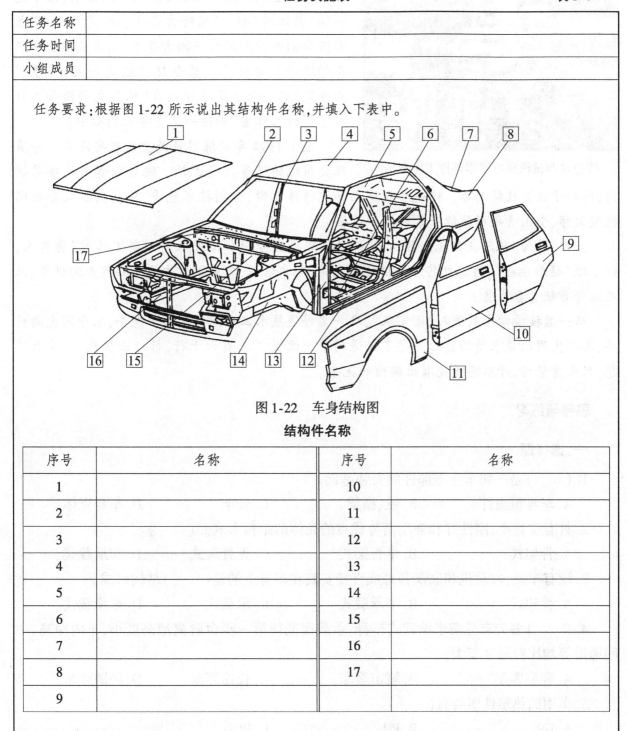

图1-22　车身结构图

结构件名称

序号	名称	序号	名称
1		10	
2		11	
3		12	
4		13	
5		14	
6		15	
7		16	
8		17	
9			

工匠人物

陈思良：匠心助力中国汽车走向世界

从位于长江与嘉陵江汇合处的重庆市中心，经沿渝都大道一路向北，到达位于重庆渝北区的长安汽车工业园区，这里是重庆长安汽车股份有限公司（简称"长安汽车"）的主要生产基地，一辆辆中国自主品牌汽车在这里研发、制造，销往世界各地。

陈思良调试汽车电器零部件工作现场

走进"陈思良劳模和工匠人才创新工作室"，一幅高约2.5m、宽约3m的壁画跃然眼前，画中是一辆"长江牌"46型越野吉普车。这是1957年长安汽车制造的中国第一辆吉普车，成为长安进军汽车领域的重要标志。至今日，"技高行天下、能强走世界"的理念已深深印刻在"陈思良劳模和工匠人才创新工作室"的每一名青年人的心中。

生于1994年的陈思良是重庆长安汽车股份有限公司现场服务技能大师。他曾以青年的奋勇拼搏，闪耀于世界技能大赛。他先后获得国务院特殊津贴、全国技术能手、中国兵器装备集团技能大师、全国青年岗位能手等奖励和荣誉。

如今，作为"陈思良技能大师工作室"和"陈思良劳模和工匠人才创新工作室"负责人，他专攻"疑难杂症"，为海外售后提供技术支持、人才培训，为中国自主汽车品牌走向世界、立足海外贡献青春力量。

从一名技校学生到进入"国家队"，从一名普通技术工人到全国技术能手，从中国走向世界，陈思良用精益求精的匠心点亮了前进的路。他说："三百六十行，行行出状元，只要有梦想，只要肯坚持，汗水终能浇灌出绚丽的花朵。"

思考与练习

一、选择题

1. （　　）是一切车身零部件的安装基础。
   A. 车身覆盖件　　　B. 纵、横梁　　　C. 骨架　　　D. 车身壳体

2. 具有质量小、刚性好和强度高等优点的壳体的结构形式是（　　）。
   A. 骨架式　　　B. 半骨架式　　　C. 无骨架式　　　D. 非承载式

3. 没有车架，发动机和底盘各总成直接安装在车身上的是（　　）结构形式。
   A. 骨架式　　　B. 半承载式　　　C. 承载式　　　D. 非承载式

4. （　　）多为有骨架半承载式车身，承载面低使第一步台阶离地高度小，车内净高、中间通道等均比普通客车大。
   A. 轻型客车　　　B. 城市客车　　　C. 长途客车　　　D. 卧铺客车

5. 车用的热塑性塑料有（　　）。
   A. UP　　　B. PP　　　C. PUR

6. 下列选项中,( )不是提高轿车轻量化可采用的轻金属材料。
   A. 高强度钢板　　　B. 冷轧钢板　　　C. 铝合金　　　D. 镁合金
7. 当汽车发生冲撞,玻璃受到重创破损时,不易变成碎片伤人的是( )。
   A. 普通玻璃　　　B. 钢化玻璃　　　C. 夹层玻璃

二、判断题

1. 非承载式车身的特点是车身与车架用螺栓连接、铆接或焊接等方法刚性地连接。（   ）
2. 车身本体是轿车承载的主体,是车身内、外装件和电子电气附件的装载基体。（   ）
3. 低合金高强度钢在确保延伸率的前提下,具有更高的抗拉强度。（   ）
4. 铝具有密度轻、塑性好、不易生锈、强度好等优点。（   ）

三、简答题

1. 汽车车身结构主要包括哪些部分?
2. 轿车车身根据外形可分为哪几种形式?各有何特点?
3. 轿车车身由哪几部分组成?每部分有哪些主要组件?
4. 典型的客车车身有哪些类型?各有何特点?
5. 载货汽车驾驶室有哪些类型?各有何特点?
6. 列出你所在地区常见轿车的结构形式和各部分所用材料。

项目二
汽车车身金属板件的修理

学习目标

知识目标

1. 简单叙述常见工具的名称、使用方法和用途；
2. 简单叙述车身金属板件扩张和收缩的机理；
3. 正确描述车身局部凹凸变形的修复方法和修复工艺过程；
4. 正确描述常见的收放方法和工艺过程；
5. 正确描述铝制板件的金属特性和修复方法。

能力目标

1. 会分析车身不同局部凹凸变形适用的修复方法；
2. 会熟练修复车身局部凹凸变形；
3. 会熟练进行板件的收放操作；
4. 能修复铝制板件。

素养目标

1. 具有良好的职业行为，注重职业礼仪和形象；
2. 保持工作场所整洁卫生，为客户提供优质的服务体验；
3. 严格遵守操作规程和安全规范，确保维修质量和安全。

任务　车身局部凹凸变形的修复

任务描述

一辆吉利帝豪左前车门受撞击轻微凹陷，来厂维修，需要进行局部修复。

理论学习

一　车身钣金加工工具介绍

工欲善其事，必先利其器。在车身金属板件的修理过程中需要许多工具，本节就介绍这些常用的工具及使用场合。

1 钣金锤

车身维修中使用多种规格和样式的锤子,分别用于金属加工中的校正和粗加工、精加工以及特殊用途。

粗加工包括重新定位和校直汽车车身、零部件的内部形状或车身加强件,把车身已经撞瘪的部分重新敲平。精加工一般指敲平粗加工后遗留的小凹坑,使表面平整。

(1)重头锤(图2-1)。金属粗加工时,重头锤用来平整金属表面,敲平焊点和焊缝,粗平非常皱的金属面,以及初步校直质量较大的金属板。

(2)轻头锤。轻头锤尺寸和形状与重头锤一样,但质量较小,一般用来进行金属精加工、在车门处折边等。

(3)双圆头锤(图2-2)。它是轻型锤的一种,在车身维修中,一般用来粗加工挡泥板、车门或柱杆顶部等,以及敲平车门的折边和校正定位夹等。

(4)短头风镐(图2-3)。短头风镐用来进行金属表面的精加工,敲平粗加工后遗留的小凹坑,从而使表面平整。锤头一头为圆形,另一头为尖形,用在如前挡泥板等这些操作不方便的部位,进行轻度的凿平和金属加工以及收缩金属面。

图2-1 重头锤　　　　图2-2 双圆头锤　　　　图2-3 短头风镐

(5)长头风镐(图2-4)。长头风镐的一头为长的圆形尖头,另一头为圆形平头,主要用来进行薄钢板粗加工后的校直工作和精加工时凿平局部的小凹点等工作,禁止在金属粗加工中使用。

(6)直凿风镐(图2-5)。直凿风镐用来修理挡泥板,复原轮缘、饰条、前照灯内框和发动机舱盖等,特别是在车身板件安装和条形结构件的焊接过程中手工修整板件的边缘和做凸缘时常用到该工具。

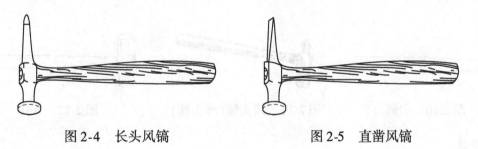

图2-4 长头风镐　　　　图2-5 直凿风镐

(7)弯凿头锤(图2-6)。它用来对车轮轮缘、装饰件、挡泥板凸缘和柱杆顶部外缘等处的有棱角区域进行校直和精加工。还可以用来敲平那些被车身的支撑件或框架构件所遮挡的凹陷。

(8)长镐(图2-7)。长镐的尖形头非常长,常用来加工挡泥板、车门的后顶盖侧板上的凸起。

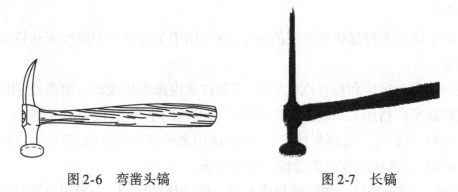

图2-6　弯凿头镐　　　　　图2-7　长镐

(9) 曲面轻击锤(图2-8)。它用来拉直和校正一些凹陷曲面,例如挡泥板、前照灯、车门和后顶盖侧板的凹陷等。

(10) 挡泥板专用锤(图2-9)。该锤是专门用来粗加工某些高隆起的金属面,例如挡泥板,还可以用来加工那些只有长的锤头才能达到的加强件。也可以与重型斧锤和大铁锤配合使用,粗加工车门槛板、轮罩、围板、后顶盖侧板和严重撞伤的保险杠横梁等。

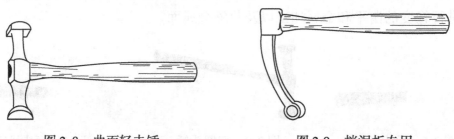

图2-8　曲面轻击锤　　　　　图2-9　挡泥板专用

(11) 尖锤(图2-10)。圆形锤面用在粗加工和校直工作中,大力度锤击修理区。尖头锤头可以用来校直直角的车架元件、保险杠、保险杠托架等直条状结构件。

(12) 圆头锤(球头锤)(图2-11)。圆头锤有多种质量和尺寸规格。球形锤头用来敲击和校正金属部件,以及敲平铆钉的头部。圆形平面锤头可以用来进行所有的手工钣金加工。

(13) 铁锤(图2-12)。铁锤的质量和体积大,常用来进行大强度的钣金加工,例如:用来校正和拉直质量较大的车身内部结构,以及校正车架、横梁、重型车身和保险杠支撑、支架等。

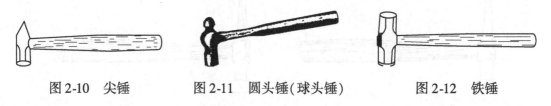

图2-10　尖锤　　　　图2-11　圆头锤(球头锤)　　　　图2-12　铁锤

2　顶铁

顶铁由高强度钢制成,像铁砧一样,用在粗加工和锤击加工中,可以用手握持,顶在敲击金属板的背面。当从板件正面用锤敲击时,顶铁会产生一个反弹力。每次敲击后,应重新定位。这样,通过锤和顶铁的配合工作使凸起的部位下降,使低凹的部位隆起。

由于板件的结构和形状不同,所以需要采用多种形状的顶铁。每一种形状的顶铁只适用于某些特定形状的工作件。常见的顶铁有高隆起、中隆起、低隆起、平凸起以及几种隆起组合在一起的组合顶铁。工作时,所选用顶铁隆起的直径应比加工件的隆起直径略小。顶铁的工作面应保持光滑、干净,不要存在油污、涂料以及毛刺,否则会降低加工质量。

（1）通用顶铁(图2-13)。该顶铁有多种隆起,可以用来粗加工挡泥板的隆起部分和车身的不同曲面;校正挡泥板凸缘、装饰条和轮缘;收缩平的金属面和隆起的金属面;修正焊接区等。

（2）低隆起顶铁(图2-14)。因为这种顶铁的质量大,而且很容易控制在平面金属板上。所以,常用来使金属板减薄和使薄的金属板收缩。可以用来对车门内侧、发动机舱盖、挡泥板的平面和隆起面以及柱杆顶部,进行钣金加工。

（3）足跟形顶铁(图2-15)。该顶铁用来在板件上形成较大形状的凸起,校直高隆起或低隆起的金属板、长形结构件和平面板件。

图2-13　通用顶铁　　　　图2-14　低隆起顶铁　　　　图2-15　足跟形顶铁

（4）足尖形顶铁(图2-16)。足尖形顶铁是一种专门设计的组合平面顶铁,用来收缩车门板、挡泥板裙板、柱杆顶部和汽车各种盖板,也可以用来在挡泥板的底部形成卷边和凸缘。该顶铁特别适合于粗加工金属板件,因为它的一个面非常平而另外一面微微隆起。但是,使用该顶铁时,不应过度锤击。

（5）卷边顶铁(图2-17)。该顶铁用来形成各种大小的卷边。顶铁较大的一端用来形成大而宽的卷边,而较小的一端用来形成较窄的卷边。有时也可以用它在薄金属板上形成小的凹痕。

 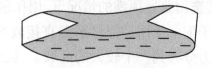

图2-16　足尖形顶铁　　　　　图2-17　卷边顶铁

3　撬镐和冲头

当损坏的车身板件已经经过校正、拉直等粗加工后,如果表面仍存在一些小的不规则的麻点或小凹点,用常规的工具(如镐锤)又不能去除时,就应选用撬镐和冲头进行精加工。

（1）撬镐。

①小弧度撬镐(图2-18)。端部为一个小弧度的镐头,U形端为把手。用在车门、车门槛板和后顶盖侧板等处。使用时,把撬镐通过板件上的孔穿入结构内部,使镐头对准板件上小的凹点,在手把上适度用力撬动即可。

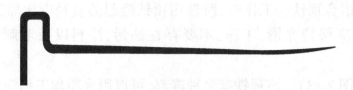

图2-18 小弧度撬镐

②大弧度撬镐(图2-19)。与小弧度撬镐形状相似,但镐头长。它用在需要较长镐头才能达到凹痕的情况下。

图2-19 大弧度撬镐

(2)冲头。

①弯头精修冲(图2-20)。它用在一般工具较难达到,需要弯曲工具才能触及的地方,例如车门立柱、顶盖横杆、车门板的外侧部位和车门槛板等。

图2-20 弯头精修冲

②钩头精修冲(图2-21)。它用在可以在板件损坏部位附近打孔,使钩头精修冲塞入的情况,也可以用来把车门窗框处的板件和行李舱板件凹陷的地方撬起。

图2-21 钩头精修冲

❹ 修平刀

修平刀可以用来修平操作空间有限部位的小凹痕,也可以在结构的内、外板件之间,操作空间有限,不能选用普通顶铁的情况下,用作顶铁。

操作时与锤子配合使用。把修平刀直接放在隆起表面处,用锤子敲打修平刀即可。修平刀可以把敲打力分布到一个较大的区域上,从而迅速把隆起敲平,并且不损坏板件的其他部位。

修平刀通常可以分为三类:专用修平刀、冲击修平刀和成形修平刀。

修平刀的工作面应保持光滑和清洁。为防止在油漆面上留下痕迹,可以在修平刀和加工板件表面贴上胶带或明胶,然后进行操作。

(1)专用修平刀。

①双头门槛专用修平刀(图2-22)。它是用来去除后立柱周围处、内构件和背部加强件后部以及中、下部门梁后侧的车门槛板上的凹痕,也可以用来撬车门门槛凸缘和拍击柱杆顶部、后围上盖板和后顶盖侧板上的皱褶,使金属板恢复到原来的形状。

②双头车门和侧裙板专用修平刀(图2-23)。该工具有一个较长的宽平面,可以触及车

门、后顶盖侧板和发动机舱盖等结构的内侧板件,也可以当作垫铁或顶铁来校正金属板件。

图 2-22 双头门槛专用修平刀

图 2-23 双头车门和侧裙板专用修平刀

(2)冲击修平刀。

①双头重型冲击修平刀(图 2-24)。该工具的每端均用高强度钢制成,为特殊锻压平面,可以用锤进行敲打,它有多种用途,例如:撬起前挡泥板的内缝;敲打梁板件的顶部、前照灯和发动机舱盖;校直和精修排水槽、后顶盖侧板压条、行李舱盖等板件,也可以用来收缩和校直金属件,或在粗加工时作为顶铁使用。

②双头重型冲击与挡泥板修正刀(图 2-25)。它主要用来校直发动机舱盖凸缘和挡泥板等没有加强杆板件的凸缘处的反向隆起,既可用来校正汽车车身板件的内部结构,也可作为顶铁使用,修整隆起的挡泥板和车门。

图 2-24 双头重型冲击修平刀

图 2-25 双头重型冲击与挡泥板修平刀

(3)成形修平刀。

①平头轻击修平刀(图 2-26)。它与铁锤或球头锤配合使用,用来进行金属面精修和敲平由于直接撞击而在金属面上留下的高凸痕,可以防止修整时在这些凸痕上产生划痕。采用这种修平刀进行加工,不会对金属面产生额外的损坏。

②低隆起平面修平刀(图 2-27)。它用在有弹性的反向隆起表面。由于它的头部是低隆起面,可以用在修理低凹的金属面。

图 2-26 平头轻击修平刀

图 2-27 低隆起平面修平刀

③模压平面修平刀(图 2-28)。该修平刀有一个带有一定斜度的、半圆的面,用来对已损坏的深凹面重新成形或把凹面上的高隆起敲平,并且不会对金属面带来其他损坏。

❺ 嵌缝凿

如图 2-29 所示,嵌缝凿可以与球头锤配合使用,在车身板件和车架上重新成形凸缘、凸起、直线边缘和弯折等。

❻ 锉

在撞伤板件已经被粗加工后,锉可以显露出板件上需要再加以敲击的小的凸点和凹点,也可以在经镐锤去除板面上所有的凸、凹点后,最后将金属板面打磨光滑。经锉加工后,再进行砂轮的最终打磨,就可以完成金属精加工的全部工作。

(1) 柔性车身锉(图2-30)。撞伤板件在粗加工和校正工作完毕后,可以用柔性车身锉使板件上任何需加工的凹凸点显露出来。无论板面是平面、还是凹凸面,柔性把柄都可以调整锉片的弯曲度,从而让锉的形状更好地配合板面的形状。但要注意不能让锉片过度弯曲,防止把锉片折断。调整锉片前,应首先松开把柄上的固定螺丝,调整完毕后,再拧紧它。

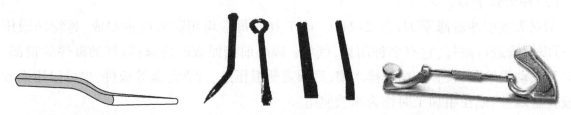

图2-28　模压平面修平刀　　　图2-29　嵌缝凿　　　图2-30　柔性车身锉

(2) 固定式锉刀(图2-31)。该锉刀是锉平金属板的理想工具。

图2-31　固定式锉刀

(3) 弧形锉(图2-32)。弧形锉也称为曲面锉,用来修整尖的隆起面、拆边和装饰条的平直程度。

注意:禁止使用锉刀去撬或击打,因为锉刀所用的钢较硬,非常容易被击碎。

7 虎钳扳手(图2-33)

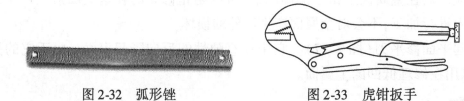

图2-32　弧形锉　　　　　　图2-33　虎钳扳手

它用于修理工作中夹持各种形状的物件。

二　钣金工具的基本使用技能

在车身维修工艺中,利用钣金锤、顶铁和修平刀修复构件变形是最常见的传统作业方式之一。对于车身覆盖件的局部变形、凹瘪和柱类零件的弯曲等,均可以灵活地运用木块、木槌、撬杠、手锤、顶铁等工具,直接敲击变形部位使其复位。

1 钣金锤的使用

钣金锤的正确使用方法如图2-34所示。用手轻松握住钣金锤手柄的端部(相当于手柄全长的1/4位置),锤柄下面的食指和中指应适当放松,小指和无名指则应相对紧一些,使之形成一个支点,拇指用于控制锤柄向下运动的力度,通过依靠手腕的动作来挥动锤子,并利用钣金锤敲击零件时产生的回弹力沿一个圆形的运动轨迹来敲击，这样能更好地控制锤子。禁止像钉钉子那样让锤子沿直线轨迹运动，也不可用手臂或肩部的力量。

注意：经常检查锤柄和锤头接合处是否牢固。如果锤头较松，工作过程中容易发生危险，锤头飞出会击伤别人或打坏东西。

由于很少的几次猛烈敲击对金属造成的延展比多次轻微敲击对金属造成的延展还要多，因此以100～120次/min的频率施行轻微敲击能够将延展变形控制在最小范围内。

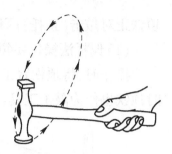

图2-34 钣金锤的使用

锤击作业质量的关键在于落点的选择，一般应遵循"先大后小、先强后弱"的原则，从变形较大处起顺序敲打，并保证锤头以平面落在金属表面上。同时还要注意分析构件的结构强度，有序排列钣金锤的落点，锤击过程中应保证间隔均匀、排列有序，直至将车身覆盖件的表面损伤修平。

大多数锤子端部都有稍微的曲面，所以锤子端部与金属的实际接触面积大约只有直径为10～13mm的面积。因此，应根据构件表面形状、金属板厚度以及变形的大小，来合理选择钣金锤的尺寸和锤顶曲面的隆起高度。一般，平面或稍许曲面的钣金锤适合于修复平面或低幅度隆起表面，凹形或球形锤顶则适合修复内边曲面板，重锤则适用于粗加工或厚板件的修复。

图2-35所示为用风镐逐个轻微敲击微小的凹陷以修平这些凹陷。

2 顶铁的使用

顶铁在钣金修平作业中起很大作用。凡是便于放入顶铁的部位，车身壁板表面发生的凹凸变形，均可用钣金顶铁予以修整。

在粗加工过程中，钣金顶铁相当于一个敲击工具，顶铁或敲击或压迫损伤的车身覆盖件的内面，顶起金属板的内面并展平弯曲变形的金属。在精加工过程中，钣金顶铁可以用来精平较小或较浅的不平。此外，钣金顶铁还可以视需要延展金属和消除内应力。

在所有的敲打和拉展的操作中，应将顶铁放在受损板件的内面，用手臂对其施加压力而使其抵在金属的内表面上（图2-36）。敲击时，顶铁起到了铁砧的作用。

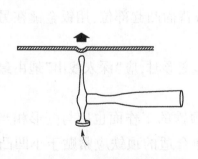  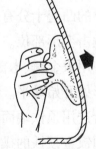

图2-35 用风镐修平微小凹陷　　图2-36 顶铁的正确使用

选择顶铁时，应记住要选择一个工作表面必须与所修正的钣金形状基本一致（即半径与要修理的金属板件的曲面一样大或略小一些）的顶铁（图2-37），不然会造成新的损坏。

依顶铁与钣金锤的相对作用位置，可以分为钣金锤与顶铁错位敲击（偏托）和钣金锤与顶铁正对敲击(正托)两种操作方法(图2-38)。

(1)偏托法操作要领。

操作时,将顶铁置于金属板背面的最低处,钣金锤则在另一面敲击变形的最高处,锤击时顶铁也作为敲击工具(图2-38b)。

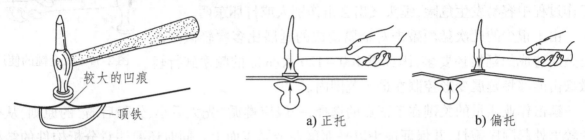

图2-37 顶铁的形状与尺寸要适当　　图2-38 顶铁的使用

当修整金属板件凹陷部位时可以将顶铁直接抵在凹陷中心的下方(图2-39),同时使用两把钣金锤击打凹陷的边缘和高出的区域,直到凹陷部位升起,变形部位与周围的板件平齐,这种偏托法操作可以避免修复过程中的受力不均。很小的压痕、很浅的起伏、轻微的皱褶都可以用这种方式拉伸,而不会损坏漆层。

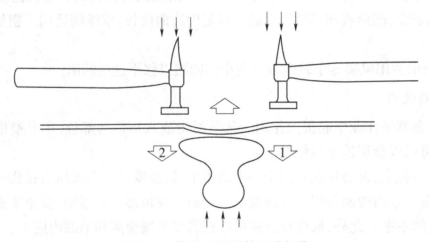

图2-39 修整金属板件凹陷部位

(2)正托法操作要领。

正托法的目的在于使钣金件表面恢复到原有的形状,这种钣金操作对于修复隆板和平整较小的凸起十分有效。操作时,将顶铁直接置于金属板背面凸起部位,用钣金锤在另一面直接锤击变形部位。

使用钣金锤、木槌或尼龙锤敲击凹陷周围产生的隆起变形时,应"深入浅出"地由最大凹凸变形处开始敲平。

所选用顶铁端面形状应与被修正壁板的表面相当,顶铁的工作面也应与变形相当。这种使用钣金顶铁的操作方法也称为"紧贴法"。选择端面合适的顶铁应紧贴于小凹凸的背面,用平锤轻轻敲击金属表面的凸起或小凹陷的周围,使板类构件表面变得更加光滑、平整。"紧贴法"修平,钣金锤的落点一定要与顶铁的工作面重合,即实现点对点的一一对应,顶铁始终贴紧在修正面上,即顶铁面与锤击部位准确对应,以防止因"打空"而破坏趋向平整的构件表面。

正托法容易使金属造成延展变形,因为当金属板在敲平过程中过分承受锤击时,受锤击部位的金属就会变薄而且面积变大,由于这块金属被周围没有受到锤击的金属紧紧包围着,而不能向任何方向扩张,多余的金属别无选择只有向上或向下移动。因此,正托法常用于修平钣金件和延展金属。必要时要进行收缩操作以消除金属的延伸变形。

偏托法由于手锤击打的是板料的正面凸起处,而顶铁击打的是板料背面的凹陷处,故不宜造成金属延展变形,常用于精修前粗加工过程中的局部变形校正,校直钣金件的较大变形。

顶铁敲平作业的工序过程如图2-40所示。还可以使用足跟状顶铁或指状顶铁、楔形顶铁等进行拉伸平坦或近似平坦的金属表面,校正低的凹陷,进行收缩操作。

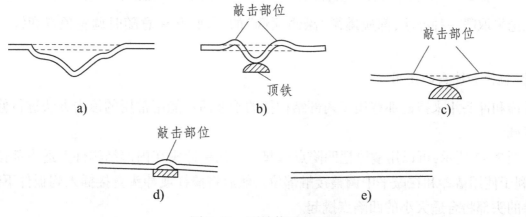

图 2-40 顶铁修平的过程

❸ 修平刀的使用

对于难以放入顶铁的弧形凹陷,需要使用修平刀修复:将修平刀插入并抵住凹陷部位,用木锤或尼龙锤敲击凹陷周围的隆起,使变形逐渐减轻。当修平至一定程度时,再改用金属锤对变形进一步修整。修平刀在形状上要求与修正表面相近,工作面的宽度应大一些。修平刀在粗平过程中主要起支撑作用,甚至要用修平刀将凹陷板面直接顶起,接触面积过小则很容易使金属表面留下硬痕。

如图 2-41 所示用两块木块支撑车门和它的外边,使车门外侧的面板悬空。按图示的方法用修平刀撬动,将向内凹的部分弹回到正常位置。车身板件初步整形后,再按图 2-42 所示的方法,用修平刀的平面配合,用锤进行正托或偏托敲击,借助修平刀和锤将车门面板修平。

这种方法对车门施加压力时,车门外板不至于抵到底板上,保证车门板件具有充足的移动和回弹空间。这种修平刀可以被用来撬起受损的侧板、后面板和其他有内部结构件加强的板件上的弹性损坏区域。

运用修平刀进行修平操作时,应注意锤击力度控制。受修平刀支点选择方面的影响,其端面与变形的顶贴力量不易控制。与顶铁法相比,修平刀法的敲击力度要相对小一些,在轻轻锤击的过程中还应特别注意顶贴位置和敲击部位的变化情况。

应用修平刀还应注意支点的选择,要避免以车身的某些薄弱结构件作支承,不得已时应垫上木板以免造成支点变形。

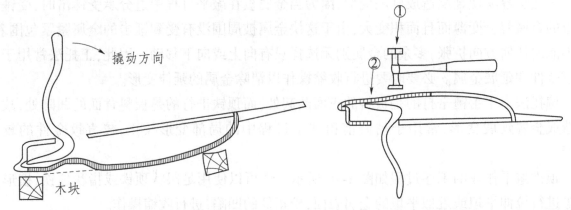

图 2-41　用修平刀粗平车门凹陷　　　图 2-42　用修平刀和锤修平车门面板

无论采取哪一种办法,都应遵循"敲高顶低"的原则,并注意随时调整顶点和锤击点的位置。

❹ 撬棒和冲头的使用

撬棒和冲头用来撬起那些由于内部结构件的干涉而不能用常用的锤击方法进行修复的损坏区域。

如图 2-43 所示,可以用撬棒把凹陷点撬起。首先用冲头在内部结构件上适当部位冲出孔,以利于使用撬棒和在敲平中调整接触部位。然后将撬杠或冲头直接插入到板件下部,通过撬棒的头部将合适大小的凹陷点撬起。

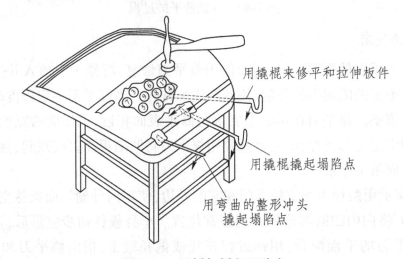

图 2-43　用撬杠撬起凹陷点

由于撬杠要比冲头长一些,因而它们能伸及的范围也要大一些,所以它们一般用来撬起内部板件总成上的凹陷,而冲头被用来修理车身板件的外部和边缘。

❺ 锉刀的使用

敲平作业过程中,对稍大一点的凹凸,检查起来比较直观,但当作业接近完了时,就需要借助锉刀来检查不平部位之所在。使用锉刀的目的在于检验而并非将板面修平,旨在通过锉刀滑过时产生的痕迹(俗称"镗"一下),来显示板面的实际凹凸状况(表面留有锉痕的部位为凸点,无锉痕的部位则为凹陷)。然后及时用平锤或风镐等工具修平。检查弧形板面时,最好使用柔性锉,因为柔性锉压到弧形板面上时,可通过调整使两端留有一定间隙,给操作带来很大方便(图2-44)。

(1)修锉翼子板。

在锉翼子板上的隆起区域时,应将锉刀在金属表面上向前推,推的行程要长一些而且用力要均匀,如图2-45所示。在将锉刀拉回时,应采用相同行程,但用力要小或不施加力。

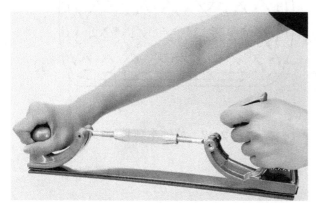
图2-44 柔性挫的使用

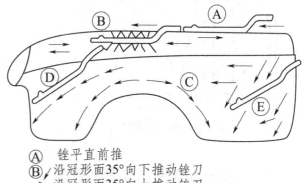
Ⓐ 锉平直前推
Ⓑ 沿冠形面35°向下推动锉刀
↙ 沿冠形面35°向上推动锉刀

图2-45 修挫翼子板

锉平冠形金属表面时,应如图2-45中B所示以35°的角度向前推动锉刀。然后如箭头所示将锉刀拉回,直到冠形的表面被完全锉过。这样操作完成后,能显示出一个光滑的金属曲面。

修锉翼子板中部时,应尽可能地让锉刀以35°的角度沿它的表面推动(如图2-45中C所显示的),翼子板的前部和后部修整如图中D和E所示。

在所有的凹陷点都被消除,而且翼子板被恢复原来的形状之后,翼子板应该用砂轮打磨,进行最后的修形。

(2)修锉车门。

修锉车门上的隆起表面的方法与翼子板隆起面的修复方法相同。应该用很长的推动行程来修锉车门的隆起表面,如图2-46中A所示。直到所有的隆起表面都被锉过。然后各自以大约35°的角度背向着隆起表面而朝着车门板件的中心部位推锉,如图2-46中B和C所示。这样能更快捷和更精确地确定隆起和凹陷点的部位。对于凹陷损坏的区域应直接沿着它的全长进行锉修,确保所有的不平度都得到了纠正。所有的车门外部边缘也可以像箭头所示的那样用锉的办法来进行检查。同样在车门被恢复到原来的形状之后,应用砂轮打磨。

(3)修锉顶盖板件。

顶盖板件的外部隆起区域可以使用和修锉翼子板和车门的相似的办法来进行锉平修整,如图2-47的箭头1、2、3、4所示。塔形车顶的平直而轻微弯曲的中部应采用长的行程来锉动,将锉刀以35°的角度背向冠形区域朝着顶盖的中心推动,如图上的箭头5、6、7和8所示。然后以交叉锉动的方式(箭头9、10、11和12所示)锉顶盖的中心部分,直到所有的不平度都被检测到并被消除。

总之,钣金敲平工具的使用具有很强的实践性,需要在掌握上述基本要领的基础上,进行更多的实践、体会与摸索。

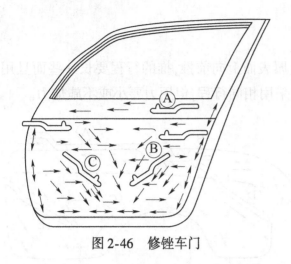

图 2-46 修锉车门

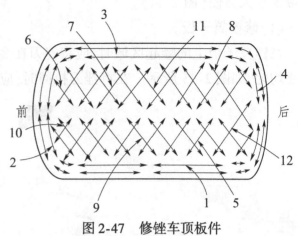

图 2-47 修锉车顶板件

三 车身局部凹凸变形的修复

修复车身局部凹凸变形可用锤击法、吸拔法、惯性锤法等方法。根据变形的程度和部位,可选择一种或多种方法进行综合修复。

1 锤击法

锤击法就是利用钣金锤、顶铁、修平刀等工具,运用上一节所讲的方法,敲击变形部位的适当位置,使变形恢复原有形状。

对于较大变形,可以用"偏托"法,直接用顶铁抵住最大凹陷处,用木槌或尼龙锤敲击凹陷周围的隆起变形部位,进行粗平(图 2-48a)。

当局部凹凸变形被修平至一定程度时,应改用图 2-48b)所示的"正托"法,将顶铁直接顶在板料背面不平的位置上,同时用手锤正对顶铁位置敲击,进一步敲平。

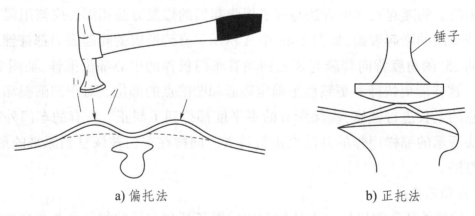

a) 偏托法　　　　　　　　b) 正托法

图 2-48 锤击法

对于难以放入顶铁的弧形凹陷,可以将修平刀插入并抵住凹陷部位,用木槌或尼龙锤敲击凹陷周围的隆起,使变形逐渐减轻。当修平至一定程度时,再改用金属锤对变形进一步修整。

对于很长且较高的翘曲,可以用表面成形修平刀结合锤击,在释放应力和张力的同时对其进行弹性敲击,逐步敲打恢复变形,操作时将修平刀紧紧顶住脊峰,然后用钣金锤轻轻敲击修平刀顶住的部位,这样不仅钣金锤的击打可以起到修平的作用,而且还可以通过修平刀将锤击力向金属的其他部位分散,从而消除金属应力并减少金属延展,这种弹性敲击应从板件的外端开始,两边轮流敲击,逐渐向翘曲的最高部位前进(图2-49)。

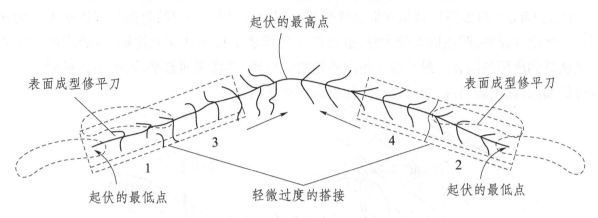

图2-49 翘曲的修平刀修复

② 吸拔法

对于表面变形较大但过渡圆滑、金属板件处于弹性状态、延伸变形较小的车身凹陷变形,可以利用如图2-50所示的吸盘将其吸出,或用图2-51所示的顶拔杆拔出。

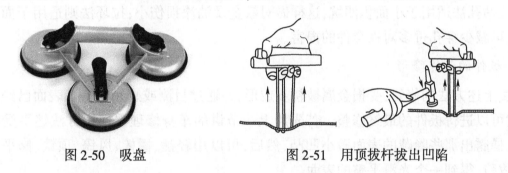

图2-50 吸盘　　　　　图2-51 用顶拔杆拔出凹陷

此法不仅免去了拆装内围板、车内装饰等机件的麻烦,而且还能使损伤面减少。

③ 惯性锤法

惯性锤法在车身维修行业也被广泛应用。如图2-52所示,车身构件的许多变形和损伤,都可以利用惯性锤的冲击惯性予以修复。

用惯性锤组件矫正变形时,先将拉杆的一端用定位装置与变形部位固定,用手提住滑块迅速向与变形相反的方向滑动,利用滑块沿杆身滑动时的惯性力,冲击杆端并带动定位装置使变形得到矫正。由此可见,牵引力的大小,主要取决于拨动惯性锤的力的大小和滑动速度的高低。

前面讲的锤击法是通过直接锤击变形金属表面来达到矫正的目的,而惯性锤法则通过定位装置将惯性锤的冲击力作用在变形部位,使变形和损伤得到修复。因此,对薄壳类车身构件而言,惯性锤法对矫正变形更有利并且对金属表面的损伤程度也小,尤其不会造成金属表面因锤击而造成的延展。

通常惯性锤法有以下两种常见的定位方式。

(1)钻孔法,即在凹坑处的金属上利用"T"形尖锐螺旋锥,钻入薄板类车身构件(如壳体蒙皮、车顶、翼子板凹陷部位等),实现滑杆与变形构件的可靠连接。将凹陷处拉到理想位置后,拆除螺旋锥,用砂纸除掉损坏部分的油漆,补充填料(打腻子)和重新喷漆即可。

(2)拉环法(图2-53),就是视钣金件受损面积大小,焊上一定数量的用于连接滑杆的挂环——平垫片拉环,凹陷面积较大时,也可以并列焊多个拉环并穿上拉轴,然后用惯性锤使凹坑恢复到理想的位置。最后应用角向砂轮割除拉环,并将表面修平后,再用砂纸除掉损坏部分的油漆,涂上防锈漆,然后即可涂抹填料和重新喷漆了。

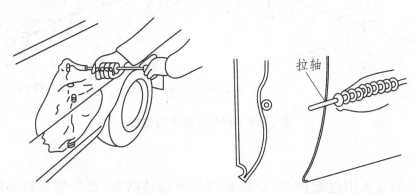

图2-52 用惯性锤修复车身　　图2-53 拉环法修复凹陷

一般钻孔法适用于小面积凹坑,这样做对钣金及油漆损伤小;拉环法则适用于面积较大的损伤,可减少穿孔过多对钣金件的损害。

4 板件的最终修形

经过上述方法的修复,受损金属被初步成形,并通过目测或感触觉得其表面已经基本修复后,就可以进行板件的最终修整。首先用上一节讲的车身修理锉使用方法锉平受损表面的漆层,暴露出那些隐蔽的表面微小凹凸,然后,可以用轻锤、撬棒、风镐、顶铁、修平刀等消除这些故障,得到一个光滑平整的表面。

顶铁、修平刀、敲平锤三者的工作面形状,必须与车身构件的几何形状相吻合(图2-54),否则就达不到敲平的目的。精平过程中应采用"紧贴"法(图2-55)。

应在仔细观察与分析的基础上,选择敲平点,确定锤击力度和敲平次序。一般应按"先大后小""先远后近"的原则,要防止不加分析与思索地敲平。

必须注意不要敲击太猛烈,否则,就会使金属表面变得更粗糙而且会出现延展,需要对其施行额外的敲打和收缩操作。可见,这项操作需要良好的技术和精确判断的能力。这些技巧只能通过大量的实践才能掌握。

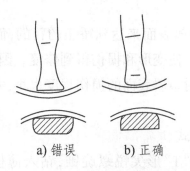
a) 错误　　b) 正确

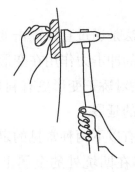

图2-54 顶铁、锤与反面形状吻合　　图2-55 紧贴法修复

四 金属板件的扩展与收缩

在按照前几节讲授的方法来修复变形车身时,锤击区的金属在锤击作用下会产生延展向四周扩展,而受到四周金属的阻滞无法扩展时,就会产生向上鼓凸或向下凹陷。如果对车身板件进行焊接等操作时,金属由于热胀冷缩会产生凹凸变形和厚薄不一或跷曲、扭曲等变形。以上这些变形都需要通过收放作业来修复,即对伸展、膨胀的金属进行收缩(简称"收");对收缩、拉紧的金属进行延展(简称"放")。收放可以将尺寸误差和形状与位置误差控制在技术标准之内。

在进行任何收缩以前,必须尽量将损坏部位矫正到原来的形状,然后,才能准确地判断出损坏的部位是否存在受到拉伸的金属。如果存在,就应进行收缩。

车身钣金的收放作业有以下三种形式。

❶ 锤击法

用锤击法进行收放作业,以钣金锤和顶铁为主要工具,通过敲击拉紧部位使之放松,从而达到修正的目的,比较适合修复那些变形程度小、面积不大的构件。

锤击法的优点是:对防锈层的破坏程度较低,尤其适合修复耐腐蚀特种钢板;还可利用金属的冷加工硬化现象,进一步提高材料的强度和硬度;对薄钢板膨胀、隆起拉紧、扭曲现象,收放效果十分显著;所用工具简单而且操作方便。这些也使锤击法成了车身维修中钣金作业的首选方案。

锤击法的缺点是:操作效率较低并且具有一定的技术难度;反复锤击会使构件表面损伤,尤其是变形面积、程度较大时,这一点就显得更加突出。对厚钢板或板类构件不具备一定的收缩、延展面时就不适用。

(1)薄板的延展。

薄板的拉紧与放松,会导致其产生两种形态的变形。一是由四周拉紧、中部放松形成的凸鼓变形;另一种是由四周放松、中部拉紧形成的翘曲、扭曲变形。操作前应经过认真分析、诊断,根据拉紧与放松的特征,确认属于哪种类型的变形,以便区别对待。

对于沿周边拉紧状态而引起的中间隆起,应通过锤击法延展、放松板料的周边,不应再敲击凸鼓中部以免变形加大。基本操作要领是:由四周开始锤击并逐渐向中间移动;其中,锤击边缘时的力度要大、击点要密,随着击点向中心的移动,力度应逐渐减小并使击点逐渐变疏(图2-56a)。如此,金属板就可从四周开始延展、放松,并趋向至隆起面的中心,中凸变形自然会被消除。

对于沿四周放松、中部拉紧形成的翘曲、扭动,修正时与上述操作有所不同。锤击则从板料的中间部位开始,并逐渐呈放射性地向四周边缘扩散。与前述操作的相同点在于,敲击力度也是由强到弱、锤击点同样要由密变疏(图2-56b)。锤击使板面中间延展,拉紧状态被放松,翘曲和扭动现象自然也被消除了。

(2)收缩锤和收缩顶铁的应用。

收缩锤和收缩顶铁(图2-57)是表面带有花纹的专用锤和顶铁。用收缩锤和收缩顶铁锤击收缩的原理十分简单。在膨胀隆起部位用收缩锤(内侧选平面顶铁)或收缩顶铁(外侧选平面锤)进行类似于敲平的锤击操作过程中,收缩锤或收缩顶铁端面上的花纹,能使被锤击的金属随之发生微小的多曲变形。这种微小变形,将板类构件的表面拉紧、收缩,变形也随之被消除。因此,这种方法对由车身上板类构件的膨胀引起的隆起变形最有效。

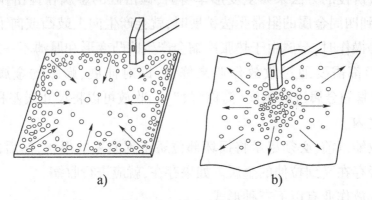

图 2-56 薄板的延展

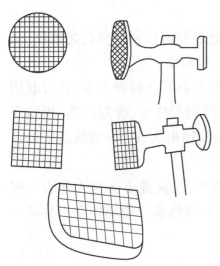

图 2-57 收缩锤和收缩顶铁

为了适应车身覆盖件的不同曲面,收缩锤与收缩顶铁的端面也有几种形状变化,供实际操作时视情况合理选用。

收缩顶铁的使用方法,可采用"正托法"。收缩锤与收缩顶铁不允许同时使用,应根据实际情形交替使用收缩锤与收缩顶铁。与收缩锤和收缩锤对应使用的工具,是敲平作业所用的顶铁与钣金锤。

应用锤击法进行收放操作时,要十分注意板类构件的形态变化,要有针对性地调整敲击点的位置、范围、力度、疏密等,这些因素都会直接影响收放的工作质量、效率,并造成明显不同的收放结果。当锤击法收放作业接近完成时,一般还要做一次精平。用平锤、橡胶锤等做最后的调整性敲击,可使整块金属板的组织舒展、均匀,表面光滑、平整。

2 火焰法

运用火焰法收放,可以获得比锤击法大得多的收缩、延展量。因此,这种方法更适合膨胀程度大、拉紧状态严重而且范围面积大的变形。对此,如果应用锤击收放法,不仅难以奏效,而且对构件表面的锤击损伤也会增大。

对需要延展的板类构件,只要在加热和加热后冷却过程中不停地锤击,就可以获得比锤击法大得多的延伸量。这种类似于锻打的作业方式,与锤击法延展相比有异曲同工之处,因为加热使金属的塑性提高、强度下降,加之锤击力的作用,理所当然地会获得明显的延展效果。火焰法延展,特别适用于需要较大延展量的厚钢板。

(1)火焰法收缩原理。

火焰法收缩是利用金属热胀冷缩这一性质来达到收缩目标的。如图 2-58 所示,当利用火焰对钢板迅速加热时,受热点及其周围就会以此为核心向外膨胀,并延伸至一定的范围。距受热点越近,金属的延伸、膨胀量也越大;反之,则延伸、膨胀量越小。由于受热点周围的金属仍然处于冷硬状态下,于是就限制了膨胀的扩展并形成了周向的固定,而加热点的金属很软,所以会有过多的金属趋向于加热点,从而引起此点金属垂直扩张变厚,延伸量也为受热点金属的膨胀变厚所代替。

在此状态下,如对受热点及其周围的金属进行轻轻地锻打,垂直方向膨胀的金属就被压缩并固定了下来,材料的内应力也因此被消除。如果尽快使红热区冷却,受热点及其周围的板料就会收缩,局部表面积将比受热前小一些,金属内部也会伴随着产生拉伸载荷,就可以获得更大的收缩量。由此达到了对板类构件膨胀、隆起的收缩目的。

(2) 火焰法收缩的步骤。

在进行收缩操作之前,必须先确定拉延区域的中心或最高点。然后按金属板的厚度选择合适的氧-乙炔焊嘴,点火后将其调整成中性焰,缓慢加热收缩区最高点直至樱桃红色。此时去掉加热火焰用修平锤快速、准确地敲击拱起区域,使此点凹陷下来。

完成上述粗略整形后,应用钣金顶铁或修平刀直接插入到加热区域的下方,并施加轻微的压力顶住板件,然后按照图2-59所示的方法,在板件的上部用钣金锤敲平加热点区域及其周围皱褶和波峰。运锤时应注意:锤击次序按图2-60中所标出的顺序号进行,落锤点应在波峰处并且快速地向着加热点中心区域滑动的敲击办法来敲打,锤击的力量不要过大。但是,应该使用最少的锤击次数,因为在这个区域施加过多的锤击,会使金属变薄和使金属重新被拉延。

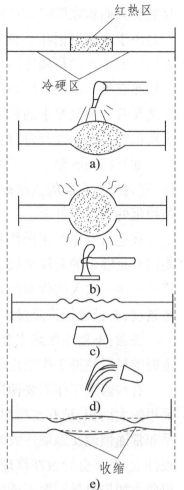

图 2-58 火焰法收缩原理

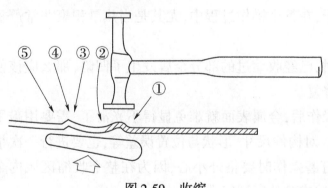

图 2-59 收缩

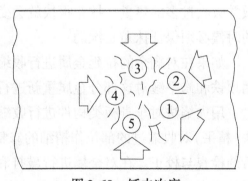

图 2-60 锤击次序

在被加热的金属退去红色而变为黑色之前,应尽可能快地完成修复工作。一旦受热金属变成了黑色,应使用浸水的抹布或海绵来将其冷却。冷却使受热金属更快地凉下来,因而金属可产生更多的收缩量。冷却也消除了热量在金属上的扩散,使修理人员能够判断出拉延金属被收缩到了什么程度以及它是否需要进一步的收缩操作。

火焰法加热对同一点最好是一次性的,操作中应注意加热点直径应控制在20~30mm范围内,焰炬应与金属保持一定距离,焰心到金属的距离应稳定控制在5~10mm,以免金属过热或烧出孔。

加热温度一般应控制在500℃以内,相当于钢板受热点变为橘红色。当构件的板料较厚且需要大面积收缩时,方可适当加热到700~750℃,相当于钢板受热点变为黄色或浅黄色。但是由于高强度钢在车身上的广泛应用,给经验法判断火焰加热温度带来一定的困难,因为不同厂家生产的高强度钢,其加热的临界温度是不同的。如果能够查出金属材料的性能及其加热临界温度则可用热蜡笔更加精确地控制金属板的加热温度。使用时先按加热温度要求选择符合控制要求的蜡笔,在金属板的加热区域画上蜡笔标记。当使用火焰加热至蜡笔上所标明的指定温度时,热蜡笔记号便会熔化,此时应立即停止加热。

如果已经收缩过的点的周围金属还凸起,那么就应该对剩余的凸出点重复进行收缩操作,直到所有高出的点都被修理到所需要的水平。这个过程被称为顺序收缩,一般用于修理被拉延的大平板件上。

在进行顺序收缩操作时,加热点应尽可能地小而且分布广泛,以便在不同的加热点之间能留有足够多的坚硬金属,使加热点被充足的坚硬金属分开。一般使用一系列轻微的收缩要比采用一次大的收缩的效果要好得多,因为在这个过程中金属会更多地保持其稳定性和张紧度,而且也能将热量积聚和金属的扭曲减到最低程度。

注意:不要在加热点金属变成黑色之前就去冷却,否则金属会产生晶化并变硬,从而使金属的最后整形工作变得很困难,而且也有可能会导致金属的开裂。

有些修理工作需要使用大量的加热点来将零件恢复到合适的形状和轮廓,例如,汽车上采用的大面积、没有支撑部件的板件,如发动机舱盖。这些区域很难成功地进行收缩,即便是非常谨慎地实施顺序收缩操作,板件上的热量积聚还是很高。这部分热量会传播到整个板件上,经常会导致在修理工对拉延区域进行收缩操作时,未受到损伤的金属却发生翘棱和扭曲。如果热量积聚不能完全消除,可以采用阻止热量向损伤的区域外扩散的办法,例如,用湿抹布包住受损金属区域附近的板件的边缘时,它可以阻止热量向未受损区域的金属扩散并吸收过多的热量。抹布很快就会变干,在整个操作过程中,尤其是当热量积聚非常严重的时候必须保证抹布是湿的。

如果在对剩余的拉延金属进行收缩时,已经收缩过的部分金属发生了凹陷,那么应该使用顶铁和修平锤对这部分金属重新进行修复。

用火焰法对车身板类构件进行收缩操作后,金属表面就难免显得不光滑了,需要用敲平法(精平)对收缩过的部位作精细的修整。对构件尺寸、形状与位置误差等,也要进行一次最后的检查与校正。在对金属进行敲打和打磨操作时要格外小心,因为在整个收缩区域内金属的厚度是不同的,过重的锉修和打磨会造成薄的区域穿孔。

火焰收缩法的优点是收缩效率高,操作过程也比较直观。缺点是火焰加热会由于金属的热传导作用而破坏周围的涂层,温度高对周围构件的热辐射也大,甚至需要拆除部分构件后才能施工。当车身材料为耐腐钢板时,应尽量少用火焰法收缩。

❸ 电热法

如前所述,锤击法需要构件的两面同时操作,火焰法的热辐射范围大使作业场合受到某些条件限制,电热法则有许多不可比拟的优点。电热法收缩的效率高、质量好、变形小、热影响低。

多功能车身整形焊机及与之配套的电热棒和电热收缩锤,是电热法收缩的主要工具和设备。它的工作原理比较简单,作为电源的主机通电后,可以对电热棒或电热收缩锤加热。

根据需要选择不同的整形工具——电热棒或电热收缩锤,就可以实现对薄板类车身构件膨胀、伸展的电热法收缩。

如图 2-61 所示,将电热棒(碳棒)通电加热后,便可直接在待收缩钢板上回转划动,使膨胀、隆起的金属受热。然后冷却加热点,板类构件的伸展、膨胀就会收缩(机理同火焰法),从而使变形和内应力消除,达到修复的目的。

另外,与多功能车身整形焊机配套的电热收缩锤,能够在加热过程中,轻轻锤击被加热金属使热膨胀得以固定。

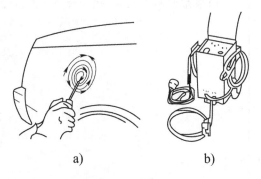

图 2-61 电热法

电热法收缩不会像火焰法那样,在构件表面上留下因加热而导致的不平,也不会有火焰法那样大的辐射热而殃及其他构件。收缩终了一般不必用平锤、顶铁等工具敲平,有时还可不必拆除内饰板等关联件,从车身外侧即可直接进行收缩操作,对钢板表面的烧损面和对周围涂层的破坏程度等,也比火焰法轻得多,对面积较大的薄板类膨胀效果较好。

任务实施

损伤门板修复

1 任务实施表(表2-1)

任务实施表　　　　　　　　　　　　　　表2-1

任务名称	
任务时间	
小组成员	
任务要求: (1)熟悉车身钢制门板修复项目的受损位置、尺寸图片及作业要求。 (2)在60min内,对奔腾教学专用门板上的条形凹陷(漆膜已破坏)进行修复,设置的条形凹陷损伤位置如图2-62所示,位于方框区域内。	

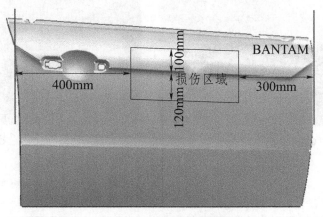

图 2-62 损伤位置图

(3) 条形凹陷为纵向, 损伤长度 120mm, 损伤宽度为 40mm; 损伤深度为 13mm (图 2-63)。

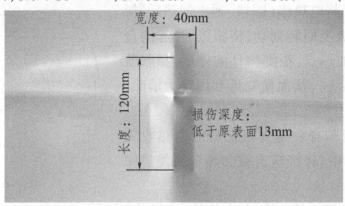

图 2-63 条形凹陷尺寸图

(4) 对凹陷部位分析、打磨、合理使用工具及设备, 按正确工艺进行损伤修复。

(5) 安全防护、设备调整及操作、修复后形状、5S 等。修复后技术要求如下 (图 2-64):

①打磨后裸金属为椭圆状, 长轴≥240mm, 短轴≥160mm。

②凹陷部位修复后高度低于原表面, 差值≤1mm。

③车身线及面板在横向、立向上都应与专用卡尺吻合, 不能超过±1mm。

④凹陷部位修复后高度不得高于原表面。

⑤凹陷部位修复后不得有孔洞。

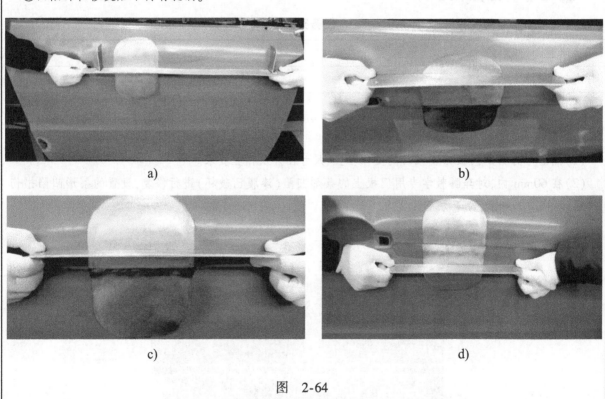

图 2-64

续上表

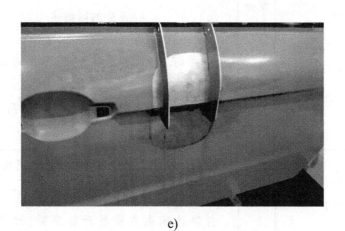

e)

图 2-64 修复后的技术要求示例

2 评分细则表(表 2-2)

评分细则表 表 2-2

序号	评分项目	配分(分)	评分细则描述	扣分	得分
1	安全防护	2	未穿戴工作服、安全鞋,或未视情适时佩戴线手套、护目镜、耳塞、口罩,每项扣0.5分		
2	修复机参数调整	2	焊接电流或时间调整不当,每次扣1分		
			收火电流调整不当,每次扣1分		
3	操作过程	5	拉拔组合工具支腿未支撑在边框位置,扣1分,共2分		
			操作中工量具掉落,每次扣1分,共3分		
4	打磨区外观质量	4	打磨区边缘应圆滑过渡。有明显缺口,每处扣1分,共2分		
			修复区有未打磨干净的油漆点或探伤点,每处扣1分,共2分。 注:介子拉伸打磨后产生的小凹点不扣分		
5	孔洞评分	4	修复部位出现孔洞,每个扣2分		
6	车身线高低情况	12	车身线横向测量,低点≥1mm,10mm为一处,每处扣6分;有高点扣12分		
7	面板横向高低情况	42	车身线上、下部位横向测量,应分别与对应专用卡尺吻合。低点≥1mm,10mm为一处,每处扣4分;高点每处扣6分		

续上表

序号	评分项目	配分(分)	评分细则描述	扣分	得分
8	面板立向高低情况	12	用立向1、立向2测量,应分别与对应卡尺吻合。 低点≥1mm,每处扣4分,共2处;高点每处扣6分,共2处		
9	回弹情况	3	修复区域出现回弹现象(应力未完全消除)扣3分,共3分		
10	平整度	12	打磨区范围内涂墨汁打磨后,过暗处为不平整。 (10mm×10mm为一处,宽度低于5mm的不算)每处扣0.5分		
11	5S	2	操作完成后未清洁设备、工具,或未归位,每项扣1分,共2分		
总分		100			

工匠人物

李明权:二十五载初心不改 勇攀高峰圆梦龙华

李明权正在检查车辆故障原因

李明权带着学员学汽修知识

"深圳是一座成就万千奋斗者的希望之城,只要坚持梦想,坚持奋斗,一定能收获属于自己的幸福!"1997年开始从事汽车维修工作,2020年被评为"全国劳动模范",25年里,深圳市汇诚汽车技术服务有限公司技术总监李明权在汽修领域矢志不渝、勇攀高峰,从一个维修车间小学徒登顶汽修行业"双高级技师",谈及自己的华丽蜕变,李明权感慨颇深。

人生,三分天注定,七分靠打拼,任何人的成功之路都绝非偶然。李明权来自湖北蕲春县一个偏远山村,1997年到武汉一家汽车维修中心做起了学徒。2002年,他学成技术来深闯荡,从中工做起,一步步升到电工组长。

家境贫寒,未能上大学始终让他感到遗憾,在家人和朋友的鼓励下,李明权参加了成人高考,报考了武汉理工大学"汽车检测与维修技术"专业的函授课程,经过两年半的学习,顺利毕业。2015年他又拿到湖南工程学院"汽车服务工程"专业的本科毕业证书,昔日的大学梦终于实现了。

多年来,李明权参加了国家、省、市、区各级汽车维修技能竞赛,以赛促学,以赛促进,专业技能不断精进,也赢得"全国交通技术能手""鹏城工匠""深圳市技术能手"等一个个含金量较高的荣誉,跻身汽修行业金字塔尖人才。

目前,李明权已获4项国家专利,还有2项专利在审批中。在一线的历练中,凭借勤学苦练的意志,李明权也从一名普通的汽修工成长为知识、实干、创新于一身的汽修技能专家。

2019年,李明权的先进事迹入选中国劳动社会保障出版社的《建国70周年,70位农民工口述历史》一书。2020年11月24日,李明权获评"全国劳动模范"荣誉称号,并受邀参加大会。

思考与练习

一、选择题

1. 下列工具用于金属加工中的粗加工的有(　　),精加工的有(　　)。
   A. 重头锤　　　　B. 轻头锤　　　　C. 双圆头锤
   D. 短头风镐　　　E. 长头风镐　　　F. 尖锤

2. 对防锈层的破坏程度较低,尤其适合修复耐腐蚀特种钢板的金属板件的扩展与收缩方法是(　　)。
   A. 锤击法　　　　B. 火焰法　　　　C. 电热法

3. 火焰法扩展与收缩时,加热温度一般应控制在500℃以内,相当于钢板受热点变为(　　)。
   A. 黑色　　　B. 黄色或浅黄色　　　C. 橘红色　　　D. 蓝色

4. 铝比钢材要软得多,敲平操作时一般采用(　　)。
   A. 火焰法　　　　B. 正托法　　　　C. 偏托法

5. 铝制板件的焊接不适合于采用(　　)进行焊接。
   A. 惰性气体保护焊　B. 铜焊　　　　C. 电阻焊　　　D. 钎焊

二、判断题

1. 顶铁在每次敲击后,应重新定位。(　　)
2. 修平刀可以用来弄平操作空间有限部位的小的凹痕,不能用作顶铁。(　　)
3. 柔性锉把柄可以调整锉片的弯曲度,但是不能让锉片过度弯曲,防止把锉片拆断。(　　)
4. 对金属用很少的几次猛烈敲击能够将延展变形控制在最小范围内。(　　)

5. 选择顶铁时,应选择一个工作表面必须与所修正的钣金形状基本一致的顶铁。
(   )
6. 使用锉刀的目的在于检验而且将板面修平。(   )
7. 锤击法可利用金属的冷加工硬化现象,进一步提高材料的强度和硬度。(   )
8. 收缩锤与收缩顶铁应相互配合使用。(   )
9. 火焰法扩展与收缩时,不要在加热点金属变成黑色之前就去冷却。(   )
10. 铝合金板的热收缩利用加热的方法来恢复加工硬化时降低的可塑性、如果不加热和温度不到位,当矫正力施加到铝板上时,便会引起受力部位开裂。对于热收缩部位应尽量缓慢冷却,因为快速冷却、收缩会造成铝合金板的变形。(   )

三、简答题

1. 如何正确使用钣金锤?
2. 粗平作业敲平与精平作业敲平,操作方法上有何不同?
3. 何为"正托"和"偏托"?二者有何区别?
4. 对车身构件局部变形进行矫正的方法有哪几种?
5. 扩展与收缩方法有哪几种?各有何优、缺点?

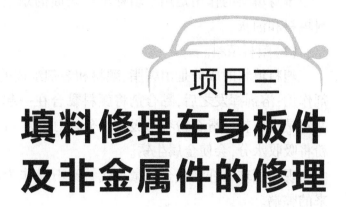

项目三
填料修理车身板件及非金属件的修理

学习目标

知识目标

1. 简单叙述常见车身非金属件的修复方法;
2. 简单叙述塑料的类型;
3. 正确描述车身金属板件上凹痕的修复方法和工艺;
4. 正确描述车身塑料的修理方法。

能力目标

1. 会分析车身塑料的类型和修理方法;
2. 会修理车身金属板件上的凹痕和车身塑料。

素养目标

1. 严谨的维修态度是企业口碑的重要保障;
2. 车身凹痕的修补工艺直接影响喷涂施工,影响漆面的观感质量;
3. 严格遵守操作规程和安全规范,确保维修质量和安全。

任务一 用塑料填料修补凹痕

任务描述

一辆轿车B柱受撞击后,留有一凹痕,来厂维修,需要进行局部修复。

理论学习

下面介绍用填料修补凹痕的相关知识。

当车身发生凹陷时,很多难接触到的部位不能用常规的办法来修理。例如车窗框和车门框、车门立柱、前围板和车门槛板,以及其他的被某些车架零件和内部结构件支撑和加强的车身的外部板件。这些区域被压出凹痕时,一般不能采用拉伸、金属加工、加热和收缩的办法来完全解决,要填平这些凹痕通常使用填料进行修理。

车身填料的作用是用来填补车身表面的划痕、穿孔、裂纹、凹陷。目前应用最广的是塑料填料和油灰。

(1)塑料填料。

塑料填料的成分是由树脂、颜料和溶剂组成的。塑料填料中的树脂是聚酯树脂,起黏合剂作用;溶剂挥发之后,黏合剂将颜料黏合在一起,形成一层坚固耐久的薄膜。一般填料的颜料是滑石粉。滑石粉容易吸收水分,因此,填料如果不能有效地与水分隔离,其中的滑石粉将吸收水分,会使金属生锈。

现在用玻璃纤维或金属微粒代替滑石粉作为颜料而形成防水填料,可以避免滑石粉带来的弊端。

塑料填料是在化学反应中逐渐硬化的,硬化反应是氧化反应,将填料暴露在空气中,氧化作用较缓慢;加入催化剂,其硬化过程将大为加快。如果和催化剂混合适当,这种填料具有4~5min的应用时间,而且一般在经过5min的固化时间之后,可以抹光修平其表面,在经过大约20min之后这个区域就可以进行打磨等操作了。

填料硬化后,会在金属表面形成石蜡涂层,对金属形成一层保护膜,防止它吸收空气中的氧气。因此,在喷漆前表面处理时,必须用去蜡和除油脂清洁剂来清除这一保护层才能保证良好的喷涂质量。

聚酯树脂型塑料填料可以填充深度达9mm的缺陷。

(2)抛光油灰。

在车身填料混合和涂抹成形过程中,经常会产生微小的针孔和划痕。用抛光油灰来涂抹这些部位可以消除缺陷,使表面光滑。

①硝化纤维抛光油灰。20世纪80年代以前,几乎都是采用硝化纤维抛光油灰。硝化纤维油灰是一种非常稠的硝基漆,含有高浓度的固态物质,通过溶剂的挥发而硬化。抛光油灰只能用来填充非常浅的砂磨划痕和针孔。虽然抛光油灰能够很好地形成薄边,但它不能提高车身填料的硬度。必须留有充足时间,让油灰再一次硬化后才能够磨光。过早磨光将会出现喷漆的缺陷。

②聚酯型抛光油灰。20世纪80年代以来,底层加光亮层漆面被广泛采用。使用硝化纤维抛光油灰会产生颜色扩散,新型的聚酯型抛光油灰解决了这个问题。这种油灰不收缩、稳定性好,并能抵抗溶剂的渗透。将聚酯型抛光油灰涂抹在传统的车身填料上,能够有效地解决颜色扩散问题。涂抹聚酯油灰可用手工涂抹,也可以用重力喷枪喷涂。

任务二 车身塑料件的修复

任务描述

一辆轿车后保险杠盖板受撞击有一条裂缝,来厂维修,需要进行局部修复。

理论学习

一 车身塑料件的修复

现在越来越多的汽车零部件用塑料来制造,例如仪表板、内部修饰板、翼子板衬板(轮罩)、风扇叶片、风扇护罩、保险杠盖板和防撞区、散热器罩、前灯和尾灯的灯体和灯玻璃等。

❶ 车身塑料的类型鉴别

塑料有很多种,从维修的角度来看,我们主要关心塑料属于下列两种形式的哪一种。

(1)热塑性塑料:可以通过加热来使其软化,并且其形态和化学成分并不发生变化,可以被重新成形,可以使用塑料焊机焊接。

(2)热固性塑料:硬化后得出永久形状,不能通过加热来使其软化,也不能被重新成形或焊接,但可以进行黏结或"胶合"。

要对塑料件进行修理时,首先需要鉴别所修塑料的种类。鉴别错误不仅会导致修理失败,甚至还会把本来可以使用的零件弄坏。

可以通过查找零件背面或底部的一系列字符(国际标准识别码),并将这些字符与制造商的识别图上的字符进行对照,来确定材料的种类。如果在零件上找不到任何字符,应参考制造商的塑料产品识别指南。一般 AAS、ABS、ABS/PVC、PC、PE、PP、TPUR、PUR、TPO 属热塑性塑料,ABS/MAT、EP、EPDM、PA、PPO、PS、PVC、RIM、RRIM、SAN、TPR、UP 属热固性塑料。

如果用以上方法不能识别,可以用下面的两种方法。

(1)火焰法。将一个加热焰炬放到距离材料 2.5cm 的地方大约 10s。如果材料变软,那它就是热塑性的。

(2)焊接法。在该零件的隐蔽部位或损伤处进行试焊。可试用几种焊条,如果其中的某种焊条能够顺利黏结就是热塑性的。

❷ 热塑性材料的焊接

对于有一定强度要求的车身塑料件,尤其是当塑料件的破口损坏或缺陷较大时,可用塑料焊枪焊接。

(1)准备。

首先用锋利的刀子或电钻将破裂的地方修剪成 V 形(图3-1),暴露出一个大的受热表面和大的缝隙来充填软化的焊条,形成完全的结合和熔化。根据零件的具体情况可以采用不同形式的 V 形焊接接头(图3-2)。然后用干净清洁的布擦去接缝处的尘土和刮屑。但禁止使用有机溶剂(如汽油、酒精等)来清洗,因为这会造成零件边缘的软化,从而导致焊接质量不佳。

当车身塑料件的变形与断裂并存时,应先进行热矫正。如果是局部小范围变形时,可使用热风机等对变形部位加热。由于热风机存在加热不均的缺点,容易造成局部过热而烧损塑料件,操作时最好在变形部位的背面烘烤,待塑料稍一变软就立刻进行按压、矫正。

对于图3-3所示的较大变形,应使用红外线烘干灯来加热变形部位,当塑料件稍一变软,就应立即对变形部位加压、矫正。为了获得良好的外观,矫正较大面积的变形时,还应借助一些辅助工具,如光滑的木板等。

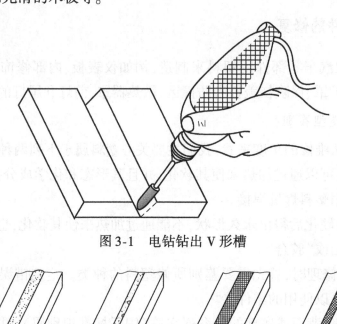

图 3-1 电钻钻出 V 形槽

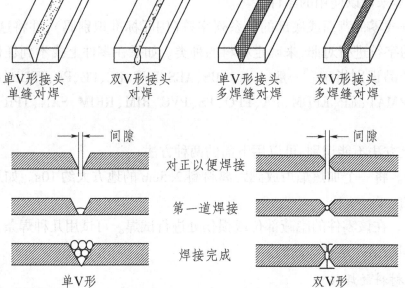

图 3-2 各种 V 形槽

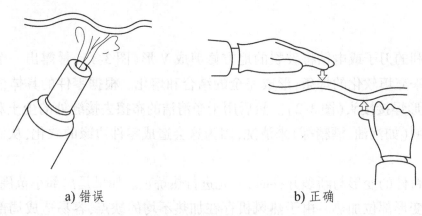

图 3-3 塑料件的热校正

由于红外线烘干灯加热效率高、温升快,应注意严格控制塑料件的受热温度,最多不得超过70℃,以免产生永久性变形。完成矫正后,应让其在原处慢慢恢复到常温状态,而不要采取其他强制性冷却措施或过早地搬动。

（2）启动焊枪。

启动焊枪电源之前,应确定焊枪中已经通入了干净的压缩空气流。

①打开压缩空气并将压力调节为大约17.2kPa。压力的设置可根据所焊塑料件的形式和厚度不同而改变。

②将焊枪接入电源,并预热5~10min。

③将一个温度计放在距离焊枪末端的环箍热空气端6mm的地方来检查焊枪的温度。热塑性材料的焊接温度范围应为204~399℃。

（3）焊接。

将焊枪握在距离工件与焊条端部12mm的位置,并使装焊条的端部与母材保持90°（图3-4）。一般新焊条都是齐头的,在使用前还应将其端头剪成斜面才好用。在焊条与母材之间按"之"字形移动焊枪,让两者都均匀地预热,由于焊条很轻而且较小,所以为避免焊条加热过度和烧焦,应在母材上施加较多的热量。当焊条与母材发亮、发黏时就让焊条与母材接触。如果预热得充分,那么焊条就会被黏住。持续在焊条与母材之间移动焊枪,并施加压力将焊条压入V形焊接区域。当施加的热量充分时,在焊条和母材相接的地方就会形成一个熔化的焊波,焊条会开始弯曲并向前移动（图3-5）。在焊条和母材之间移动焊枪,使焊缝继续生成。

当焊条被喂入到焊接材料中时必须对其施加持续的压力。减去压力时可能会将焊条从焊接的焊缝上提起,使空气被裹入焊接区域的底部,最终导致不良的焊接质量。焊接操作工在更换手的位置时,可以通过用无名指和小拇指对焊条施加压力,同时用大拇指和食指来重新放在焊条上更高一点的位置（图3-6）来实现对焊条施加持续的压力。

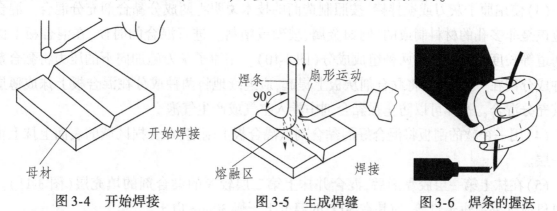

图3-4 开始焊接　　图3-5 生成焊缝　　图3-6 焊条的握法

（4）焊接区域的打磨。

焊缝影响美观或对安装有妨碍时,还要对其进行修整和打磨。当需要修整的量较大时,可用锉削并结合粗、细砂纸打磨等方法。对于大焊缝上堆积的过多的熔材,可以用一把锋利的刀子先初步清除掉焊接区的过多塑料。打磨时必须格外小心不能使焊接区域过热,否则,它会变软对焊接区造成损害,可以定时用水进行冷却。

（5）检查焊接件的强度。

在焊接区域被打磨得光滑平齐之后,还应该检查它是否有缺陷。在对焊件进行弯折测试之前或之后都不能有可见的气孔或裂纹。焊接部分应该像零部件本身那样坚固。

（6）最后应使用细砂纸对焊接区域进行最终打磨。

❸ 塑料件的胶黏与修补

热固性塑料不能通过加热来使其软化，也不能被重新成形或焊接，但可以进行黏结或"胶合"。

胶黏如图3-7所示的碎块时，应先将胶粘面及其周围清洗干净，然后使用速干胶将断口粘住，并注意校准碎块与基础件的相对位置。如碎块短缺，可从废弃的车身塑料件上切补，要使接口平整、无缝、无误后，再用速干胶将全部断缝填满、粘牢。

当需要修补如图3-8所示的擦伤、撕裂和刺穿缺陷时的工艺大致如下。

（1）用有去除石蜡、油脂和硅树脂功能的溶剂浸湿在布上清洁受损的区域，并沿裂缝制成6~10mm宽的坡口（图3-8），并用细砂纸将拟修补表面打磨粗糙，最后用焰炬对要修理的面积轻微地烘烤大约15s略呈棕色为止。

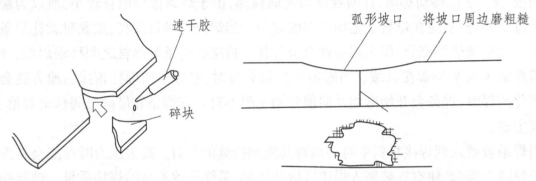

图3-7　塑料件的胶黏　　　　图3-8　乳洞的坡口制作及打磨

（2）使用车身胶带贴在损坏部位的背面以避免衬板材料掉落下来（图3-9）。

（3）使用原子灰刀或搅拌棒，按照制造商的技术说明将两成分黏合剂充分混合。混合平板应该是非多孔的材料制成的，例如金属、玻璃或塑料。进行混合的时候，在混合板上面涂上两道等长度的黏合剂的两种组成成分（图3-10）。用原子灰刀施加向下的压力将黏合剂的两种成分刮在一起，不要将黏合剂从板上提起，应连续地将两种成分在混合板上抹成薄层并使其充分混合。这样可以防止在黏合剂中卷入空气或产生气泡。

（4）用一个软的刮板将混合好的黏合剂从混合板上刮起，在受损区域的表面上抹上很薄的一层。

（5）在抹上第一层胶黏剂后，混合并抹上第二层较厚的黏合剂的填充层（图3-11）。用热风机或红外线烘干灯等，使其在50℃的温度下干燥30min以上。

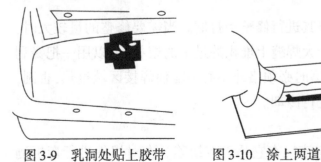  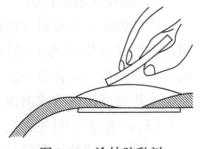

图3-9　乳洞处贴上胶带　　　图3-10　涂上两道等长度的黏合剂　　　图3-11　涂抹胶黏剂

(6)分别用粗、细砂纸将涂补处按原形打磨平整。打磨过程中不得用力过猛,并注意不要擦伤未损坏部位塑料件的表面。

现在新型塑料越来越多地用来制造汽车车身的外部零件,如保险杠盖板和挠性仪表板,乙烯丙烯(EP)、聚丙烯(PP)和热塑性烃化合物(TPO)是最经常使用的。修理这些塑料件时必须注意:在使用两成分氨基甲酸乙酯或环氧树脂黏合剂之前,必须在被修理的表面涂抹多烃的黏合促进剂。

二 其他材料板件的修理

1 乙烯树脂覆盖的氨基甲酸乙酯泡沫材料的修理

(1)凹陷的修理。

乙烯树脂覆盖的氨基甲酸乙酯泡沫材料用在车辆的前围板上,作为防护衬垫和扶手。有些时候极大的冲击压力会导致这些零件产生凹痕。在修理工作开始之前,应该将靠近凹陷区域的内饰材料遮盖起来。然后用一块潮湿的布或海绵放在凹陷的部位,浸透25~30s。而且应保持该区域湿润,不能让这个区域变干。用能产生高温的加热枪或焰炬在距离表面255~305mm的位置进行加热。加热时,采用圆形的运动轨迹,要格外小心不要使乙烯基材料过热或烧焦,加热到凹陷区域达到48~60℃,然后将热源关闭。将这个区域推整到凹陷的中心以便对它重新成形。如果凹陷区域没有什么响应,那么应该重复这个过程。一旦这个区域被重新成形之后,应该使用湿布或海绵使其快速冷却。

(2)撕裂、裂纹或断裂损伤的修理。

氨基甲酸乙酯的防护衬垫与由塑料或金属制成的加强件模压在一起。在这样的防护衬垫上产生的撕裂、裂纹和切断损伤可以使用一个无气的塑料焊机焊接。首先是将材料用肥皂水清洗,将其吹干,然后用好的塑料清洁剂进一步地清洗。同时焊机设置到理想的温度,并预热。

检查衬板所受到的损伤。将弯曲的和有锯齿状的边缘切掉,然后在上面修出V形槽。如果材料很脆,修理之前用加热枪加温从而使乙烯基软化。氨基甲酸乙酯泡沫衬垫上V形槽的宽度至少要达到6mm。为了获得良好的焊透深度,V形槽的两边应尽可能地倾斜,而且在撕裂和裂纹周围的材料应该初步修整至少6mm。焊接应该从槽的低边开始。将焊机的焊枪翻转,使焊枪端部的鞋状支撑部向上,焊条的插管向下。将焊条通过熔管慢慢喂入,以便用熔化的塑料充填槽的底部,直到槽被充填得与周围的表面平齐。通过将焊枪上的鞋状支撑部向着焊接表面翻转,使焊缝区域过多的焊条材料变得光滑。

使用一个条状的打磨器或其他类型的磨光机非常小心地去除掉多余的焊条的堆积物,初步成形的乙烯材料在焊接区域的两边大约50mm的地方产生良好的结合力。修理工必须十分小心,不要移动焊接材料。所使用的填料必须是专门设计应用在乙烯材料上的,而且必须是挠性的。按照包装上标签的说明来混合,使用刮板将其抹在零件上。当它被填充到周围区域的轮廓上时,必须要适当地进行光滑和抹平。填料应该充分固化,然后使用一块40号砂纸打磨填充区域,然后用80号砂纸打磨,最后用180号的砂纸将较深的打磨刮痕消除掉。如果打磨时意外地造成了填料的穿透,那么应在这一区域添加额外的一薄层填料,然后按照要求进行打磨。

长期暴露在阳光下而风裂的衬垫一般是无法修理的。因为长期暴露使得挠性的PVC材料中的增塑剂挥发。要确定衬垫是否可修理,应对其材料板件做施压并使其弯曲。如果出现了更多的裂纹,则说明板件很可能是不能修理的。

❷ 纤维增强型塑料(FRP)的修补

纤维增强型塑料主要应用于车身壳体壁板、挡泥板和阻流罩等塑料构件,其损伤形式多以浅表划伤和贯穿性裂缝为主(图3-12)。

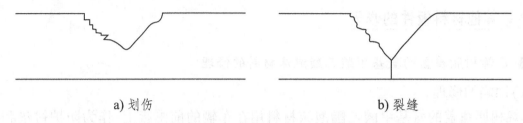

a) 划伤　　　　　　　　　　　　b) 裂缝

图3-12　玻璃钢板的损伤形式

纤维增强塑料的修补方法,可以参照图3-12～图3-17所示的方案进行。

(1)打磨。用双旋打磨机和砂纸,将裂缝、划伤等待修补的表面及其周围,按图3-13所示要求磨出坡口并注意处理好其间的过渡关系。

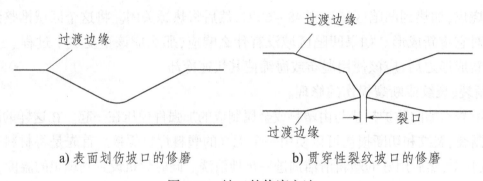

a) 表面划伤坡口的修磨　　　　　b) 贯穿性裂纹坡口的修磨

图3-13　坡口的修磨方法

(2)调和。使用成套FRP补料(主要包括:树脂、固化剂、玻璃布、玻纤毡、隔离膜等),将合成树脂和固化剂按100∶2的比例掺和,并在调和板上调好后分成两份。应注意严格控制固化剂的加入比例,因为过多会使其开裂,过少则不易固化。

(3)涂覆。将玻璃纤维毡剪碎后掺入其中的一份树脂中,拌均匀后将其填充到打磨好的破损处(图3-14)。剪一块比损伤部位稍大一点的玻璃纤维布,用刮板将另一份调好的树脂涂抹于玻璃纤维布上,然后把这块玻璃布覆在填充了树脂的破断面上(图3-15)。对于强度要求比较高(如用于装配其他构件)的部位,还可在贴玻璃布之前先盖上一块金属加强板;最后将剩余的树脂再涂在玻璃布的表面并贴上隔离膜。至此,涂覆工作即基本结束(图3-15)。

(4)干燥。贴上隔离膜须静置20min,再用红外线烘干灯慢慢加热。开始时可将烘干灯的距离调得远一些,因为树脂受热过快会发生开裂现象。在40~60℃范围内烘干2h以上,待树脂完全干透固化后,揭去隔离膜。

(5)修整。用单旋和双旋打磨机修整树脂表面,或者用中粗砂纸将表面磨光。然后用聚酯原子灰将树脂表面存在的小凹陷和针孔填平,干透后用细砂纸和极细砂纸蘸水磨光(图3-16和图3-17)。

　　a) 调和树脂　　　　　　b) 在调好的树脂中加入玻纤维毡并拌匀

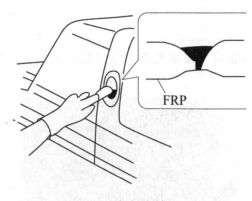

c) 填充补料

图 3-14　调和补料并填充于破损处

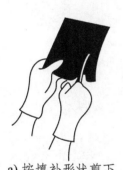  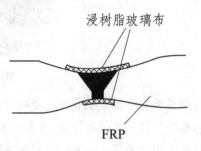

a) 按填补形状剪下　b) 往剪好的玻璃布上均匀地　c) 将浸透树脂的玻璃布贴覆补料的表层
　一块玻璃布　　　刷涂一薄层树脂

图 3-15　贴覆玻璃布

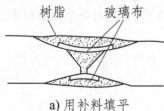 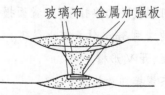

　a) 用补料填平　　　　　b) 增加金属加强板的方法

图 3-16　进一步用树脂补料填平

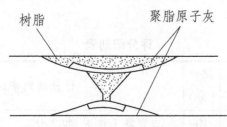

图 3-17　修磨后于表面刮涂聚酯原子灰并打磨平整

塑料件修复

1 任务实施表(表3-1)

任务实施表　　　　　　　　　　　　　　　　　　　　　　表3-1

任务名称	
任务时间	
小组成员	
任务要求：在40min内,用焊接的方法修复汽车前保险杠蒙皮的撕裂损伤。损伤情况如图3-18所示。  图3-18　损伤实物照片 (1)必须遵循安全操作规程和比赛的规则。 (2)用植钉焊接工艺进行修复,修复后表面平整无孔洞。 (3)修复正面打磨不小于80目,打磨范围不小于100mm×100mm。 (4)对比赛工位进行5S整理。 操作要点： (1)使用清洁剂清洁塑料保险杠内外表面。 (2)背面使用焊钉焊接并加热抹平(如背面损伤处有变形,需先对变形位置加热、压平)。 (3)正面在损伤两端用3mm钻头打止裂孔。 (4)打磨受损位置、开V形槽。 (5)使用塑料焊条焊接并加热抹平。 (6)打磨修复区至原有的轮廓和形状至P180目。	

2 评分细则表(表3-2)

评分细则表　　　　　　　　　　　　　　　　　　　　　　表3-2

序号	评分项目	配分(分)	评分细则描述	扣分	得分
1	安全防护	10	未穿戴工作服,扣2分		

续上表

序号	评分项目	配分(分)	评分细则描述	扣分	得分
1	安全防护	10	未穿戴安全鞋,扣2分		
			未佩戴护目镜,扣2分		
			未穿戴手套,扣2分		
			未穿戴口罩,扣2分		
2	焊接参数	4	焊接电流调试错误,扣4分		
3	操作过程	46	焊接前未清洁受损区域,扣2分		
			未使用3mm钻头钻止裂孔,每个扣4分		
			未正确使用焊烟抽排设备,扣4分		
			植钉时熔穿塑料件,扣5分		
			植钉后未打磨去除受损区域毛刺及表层污物,扣2分		
			未开坡口,扣5分		
			焊接过程中塑料焊枪使用不当,扣10分		
			焊接过程中电烙铁使用不当,扣10分		
			焊接后未打磨焊接区域,扣4分		
4	焊接质量检验	30	焊接处产生气孔、夹渣,每处扣2分		
			出现漏焊,每处扣4分		
			产生虚焊,每段扣6分		
			焊接后的正面打磨区域与相邻区域过渡不平滑,扣4分		
5	5S	10	操作过程中工件掉落,每次扣1分		
			工具摆放不当,每件扣1分		
			操作完成后设备、工具未归位,每件扣2分		
			未清洁场地,扣5分		
	总分	100			

工匠人物

首届"江苏交通工匠"——骆义伟
争当技能能手排头兵 勇作工匠精神传承人

骆义伟,男,出生于1988年11月,江苏如皋人,毕业于南京交通职业技术学院汽车检测与维修专业,原就职于扬州瑞丰汽车集团,现在江苏汽车技师学院担任汽车专业教师,高级技师,享受扬州市劳动模范待遇,先后被国家省市有关部门授予了"全国技术能手""全国交

通技术能手""全国青年岗位能手""江苏交通工匠""江苏省技术能手""江苏省交通技术能手""江苏省五一创新能手""江苏省青年岗位能手""江苏省职业院校技能标兵""扬州技能状元""扬州市技术能手""扬州市五一劳动奖章"等荣誉称号。

在学校期间,骆义伟努力学习,刻苦钻研,努力争当技能能手排头兵,2010年6月参加全国职业院校技能大赛高职组汽车赛项并获得一等奖的优异成绩。进入工作岗位后,平时工作再苦再累,也坚持学习,努力钻研汽车维修新知识、维修的新方法、不断地充实着自己的理论知识,努力成为既有理论功底、又有实践能力的技术人员,不断向着新时代的"汽车医生"的目标前行。2010年参加江苏省机动车维修人员技能大赛并获得全省第一,2012年参加扬州市首届技能状元大赛并获得全市第三名,2012年参加江苏省人民政府举办的首届江苏技能状元大赛并获得全省第六名,2016年参加扬州市汽车维修技能大赛获并得全市第二名,2017年11月参加国家级一类大赛2017中国技能大赛——第九届全国交通运输行业汽车维修工职业技能大赛并获得全国第三名,江苏省代表团总分获得全国第一名的优异成绩。任职江苏汽车技师学院后,指导学生参加第五届扬州技能状元大赛汽车技术赛项,并获得学生组技能状元;指导学生参加第四届江苏技能状元大赛,获得三等奖,打破了扬州学子参加省状元赛汽车技术赛项零奖牌的魔咒。骆义伟还与江苏汽车技师学院的其他优秀教师一同申请成立了"骆义伟技能大师工作室"。

这些成绩的取得,充分展示了交通技能人才的创新实践和精神风貌,今后他将继续努力,不忘初心,继续以汽车维修技能为载体,传承和弘扬了劳动模范精神、交通工匠精神,做"交通强省"的积极践行者。

思考与练习

一、选择题

1. 塑料填料中的(　　),起黏合剂作用。
   A. 树脂　　　　　B. 颜料　　　　　C. 溶剂　　　　　D. 滑石粉

2. 下列选项中,(　　)属于热塑性塑料,(　　)属于热固性塑料。
   A. AAS　　　　　B. ABS/MAT　　　C. EP　　　　　　D. ABS
   E. ABS/PVC　　　F. PA　　　　　　G. PP　　　　　　H. UP
   I. PS　　　　　　J. PVC　　　　　K. SAN

3. 合成树脂和固化剂按(　　)的比例掺和,并在调和板上调好后分成两份。
   A. 1∶9　　　　　B. 9∶1　　　　　C. 10∶1　　　　　D. 1∶10

4. FRP补料的合成树脂和固化剂应按(　　)的比例掺和。
   A. 100∶2　　　　B. 2∶100　　　　C. 10∶2　　　　　D. 2∶10

二、判断题

1. 填料层应尽可能得薄。　　　　　　　　　　　　　　　　　　　　　　　　(　　)

2. 热塑性塑料和热固性塑料都可以焊接。（　　）

3. 在使用两成分氨基甲酸乙酯或环氧树脂黏合剂之前,不必在被修理的表面涂抹多烃黏合促进剂。（　　）

三、简答题

1. 如何涂抹塑料填料?

2. 热固性塑料与热塑性塑料有何区别?

3. 如何识别塑料的类型?试写出一辆轿车上的塑料件名称、类型、用途。

4. 如何焊接塑料?

5. 如何修理乙烯树脂覆盖的氨基甲酸乙酯泡沫材料的凹陷区域?

6. 如何修补纤维增强型塑料(FRP)?

项目四 车身焊接

学习目标

1. 简单叙述各种车身焊接设备的使用和调整方法；
2. 正确叙述各种车身焊接的焊接技术；
3. 简单叙述一定的焊后处理方法。

能力目标

1. 会分析车身构件应采用的焊接方法；
2. 会用不同焊接方法焊接车身构件；
3. 会做一定的焊后处理。

素养目标

1. 焊接的工艺决定车身部件的强度和安全；
2. 认真负责的维修心态是用户安心用车的保证；
3. 勤学苦练是提升焊接技艺的重要手段。

焊接在汽车车身维修作业中占据相当重要的地位，并且焊接水平对焊接品质的影响极大，加之现代汽车上普遍采用的新型合金材料，使车身维修作业对焊接技术的要求更加苛刻了。在此介绍汽车车身维修中经常采用的一些焊接方法。

任务一 用 CO_2 保护焊对车身后围侧板进行局部挖补

任务描述

一辆吉利帝豪左后侧围损坏严重，需更换。

理论学习

一 惰性气体保护焊

车身多以薄钢板冲压成型，对薄钢板的焊接很容易产生焊接应力而造成穿孔、变形，使焊接难度增大。惰性气体保护焊最适宜汽车车身所采用的薄型高强度钢板的焊接。其中最为常见的惰性气体保护电弧焊是CO_2保护焊。CO_2保护焊不仅能够有效地限制焊缝周围的热量,抑制上述不良状况,而且具有工作环境清洁、作业效率高和焊接质量好等优点,是汽车车身维修企业中普遍采用的一种焊接方法。

❶ CO_2保护焊的工作原理及其设备组成

CO_2保护焊采用短路弧法,以一定速度供给的裸线焊丝为一电极,以焊接工件的金属为另一电极,工作时焊丝与工件接触发生短路。用短路弧法采用细焊丝、低电压、小电流,使传到钢板上的热量虽小但能达到足够的熔深。作为电极的焊丝以一定的速度自动进给,与基体金属间产生的短路电弧所生成的热量,使焊丝前端与工件之间产生电弧熔化,冷却后即可达到将工件焊接到一起的目的。

在焊接过程中,惰性CO_2气体作为保护介质,使电弧和熔池能与空气隔离开来,以避免有害气体对焊缝质量造成的不良影响。

CO_2保护焊焊机主要由电源控制箱、焊枪、送丝机构和供气装置组成。其中,由三相变压器、硅整流器、电感器及控制元件组成的电源箱,承担着提供引弧电流的任务。送丝机构将焊丝按焊接电压、电流及操作人员动作速度等要求送至焊区。供气装置将气瓶压力经调节器减压并恒定后送给焊枪。带保护气喷嘴和导电嘴的焊枪,用导电嘴将电流送给焊丝产生短路电弧,用气体喷嘴向电弧和熔池送气加以保护。

❷ CO_2保护焊的焊接技术

CO_2保护焊对操作人员的技术水平要求不高,只要严格执行焊接规范和必须的操作要领即可保证焊接质量。

(1)焊接规范。

焊接规范提出了影响焊接质量的关键要求,主要包括如下方面。

①焊接点电压与电流。焊接质量优劣与电弧长度直接相关,而电弧长度则取决于电弧的电压。

依据起弧后的工作状态判断电压调整得是否合适。如果焊接时能听到一股连续的"咝咝"或轻微的爆裂声则为正常。从焊缝观察,电压提高则电弧长增加、熔深变浅、焊缝宽平并使飞溅增加。电压降低则电弧长减小、熔深变深、焊缝窄尖并且所见电弧减小。

电流影响熔深、焊丝熔化速度、电弧的稳定性及飞溅量。电流加大,熔深、熔宽均增大;反之则熔深、熔宽变小。表4-1推荐了焊丝直径、焊件厚度、焊接电流三者之间的正确关系,可供焊接作业中参考。

细丝CO_2保护焊的焊接规范　　　　表4-1

钢板厚度 (mm)	接头形式	装配间隙 (mm)	焊丝直径 (mm)	电弧电压 (V)	焊接电流 (A)	气体流量 (L/min)
≤1.2	无坡口平焊	≤0.3	0.6	18~19	30~35	6~7
1.5		≤0.3	0.7	19~20	60~80	6~7

续上表

钢板厚度 (mm)	接头形式	装配间隙 (mm)	焊丝直径 (mm)	电弧电压 (V)	焊接电流 (A)	气体流量 (L/min)
2.0	有坡口平焊	≤0.5	0.8	20~21	80~100	7~8
2.5		≤0.5	0.8	20~21	80~100	7~8
3.0		≤0.5	0.8~0.9	21~23	90~115	8~10
4.0		≤0.5	0.8~0.9	21~23	90~115	8~10
≤1.2	"⊥"形横焊	≤0.3	0.6	19~20	35~55	6~7
1.5		≤0.3	0.7	20~21	65~85	8~10
2.0		≤0.5	0.7~0.8	21~22	80~100	10~11
2.5		≤0.5	0.8	22~23	90~110	10~11
3.0		≤0.5	0.8~0.9	21~23	95~115	11~13
4.0		≤0.5	0.8~0.9	21~23	100~120	13~15

②导电嘴与焊接表面的距离。焊枪导电嘴与焊接表面之间的距离,是影响焊接质量的重要的参数,图4-1所示为焊嘴与工件的距离与角度。若此距离过大,焊丝的伸出量就长,更多的预热时间将会使其熔化过快,同时保护气体的屏蔽作用也相应减弱。距离过小,焊丝端头被喷嘴挡住使观察焊接质量和行进都有困难。

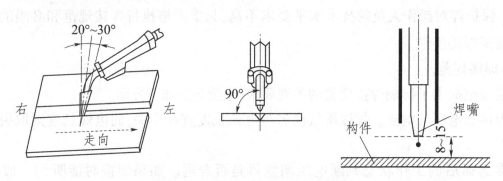

图4-1 焊嘴与工件的距离及角度

③焊接方向与角度。CO_2保护焊分为左向焊和右向焊两种。焊丝指向行走方向时称为左向焊接法,其特点是喷嘴不挡住视线;熔池受电弧的冲刷作用也小,熔宽大、焊缝平。焊丝指向与行走方向相反的方向时称为右向焊,其特点是向焊缝填充的金属多、熔深大,但电弧对熔池的冲刷作用也大,易影响焊缝的形成。

无论采用哪一种焊接方向,焊嘴与焊缝的垂直相交线夹角均为10°~15°。

④保护气体的流量。若要获得美观、可靠的焊接效果,对保护气体流量的控制要恰到好处。因为,流量过大会形成涡流而影响屏蔽效果;流量过小则保护气体屏蔽作用减弱。一般要根据这一原则和喷嘴与焊件的距离、焊接电流、焊接速度及作业环境(有风或无风)等具体情况来加以调整。标准送气量为21.55~24.66cm^3/min。

⑤焊接速度。速度过快将会使熔深、熔宽变小,焊缝呈尖形并且容易发生咬边现象,而焊接速度过慢则会造成焊件烧穿(图4-2)。正确的焊接速度由焊件板厚及电压所决定,一

般参照表4-2中所推荐的焊接速度即可。

a) 速度过缓,易使焊件烧穿　　b) 速度适当,故熔深合适　　c) 速度过快,易造成熔深不足

图4-2　运枪速度对焊道形状的影响

焊接速度对照表　　　　　　　　　　　表4-2

钢板厚度(mm)	0.8	1.0	1.2	1.6
焊接速度(cm/min)	105~115	100	90~100	80~85

(2)焊接方法。

①焊枪的操纵。将焊枪前端靠近焊件,按动开关便开始送丝,保护气体也同时喷出。此时只要操纵焊枪令焊丝端头与焊件金属表面接触即可起弧。如果焊丝顶端形成熔球,应将其剪断,否则,会影响起弧。枪口处的焊接飞溅物也会影响送丝、送气,使用前应预先清理干净。

施焊过程中,应注意观察板件、焊丝的熔化情况及焊道的连续性,同时注意不要让焊丝偏离接缝。如果接缝较长最好先暂焊一下(图4-3);分段的焊道应有重叠,起弧时应在上一段焊道末端前面一点,起弧后迅速回拉至下一段焊道起点(图4-4)。焊道的高度和宽度也应力求一致,因为熔深不足将影响焊缝强度。反之,熔深过大则易将焊件烧穿,并给打磨工作造成一定困难。

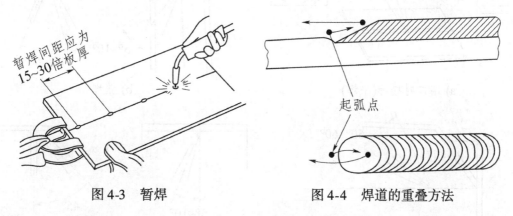

图4-3　暂焊　　　　图4-4　焊道的重叠方法

②塞焊。用气体保护焊进行塞焊,是车身维修中应用比较广泛的一种焊接形式,很适宜两块钢板的搭接。塞焊前应将其中一块钢板钻孔或冲孔,并将其夹紧以确保贴合紧密。塞焊时焊枪要与焊件表面垂直,沿塞孔周边缓慢运枪绕向中心(图4-5a);当孔径较小时,可将焊枪直接对准中心不动将孔焊平。塞焊的焊点应以略高出焊件平面为宜,过高将给打磨带来困难,过低则使强度不足甚至造成脱焊(图4-5b)。

③对接焊。对接焊可以分为端口对接焊(两焊件端面对齐)和角对接焊(两焊件垂直相接)两种。车身维修作业中局部更换金属覆盖件时,往往需要这种类型的焊接。无论何种形式的对接焊均应以15~20倍板厚的间隔先行定位暂焊。

对接焊一般采用左向焊施焊的办法,因为左向焊便于观察可防止发生偏焊。角对接可按图4-6推荐的方案确定焊枪与焊件之间的倾斜角度。焊接时应将焊枪把稳并控制好行进的速度。除低于0.8mm以下的薄钢板(连续焊接容易烧穿)外,一般都需要连续焊接。分段焊接时应在上一段焊道的末梢的前部起弧,然后迅速拉向下一段焊道的起点。

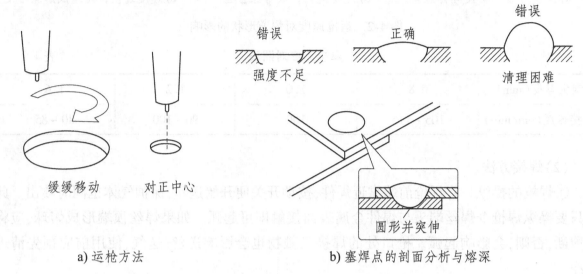

图4-5 塞焊的操作方法

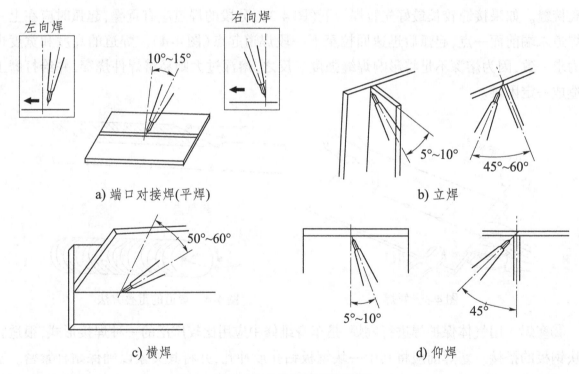

图4-6 对接焊的倾角要求

(3)焊接缺陷分析。

CO_2保护焊的常见焊接缺陷如图4-7所示。采用正确的焊接工艺与技术规范,可以有效地避免这些缺陷的产生。对已经发生的质量问题,应根据图示及其说明有针对性地加以改进。

❸ 车身锈蚀区的修补

车身锈蚀区修补修理是比较常见的一种作业,通过补片或挖补可以避免换用新件。

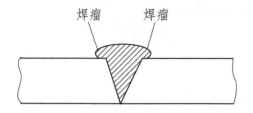
a) 焊瘤(电弧过长，速度过快，角度不对)

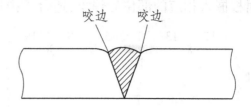
b) 咬边(速度过慢、电弧过短)

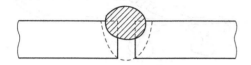
c) 未焊透(电流过小、电弧过长)

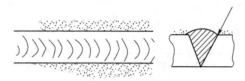
d) 飞溅过大(电弧过长、焊件有锈)

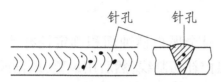
e) 气孔、针孔(焊件有锈、潮湿，保护不足、冷却过快、电弧太长)

f) 焊道不齐(焊嘴磨损或变形、焊枪把持不稳)

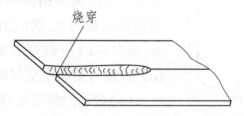
g) 烧穿(电流过大、焊缝过宽、速度过缓、焊枪与焊件距离太近)

图 4-7　焊接缺陷分析

(1) 补片。

用补片的方法修补局部锈蚀，是在损坏的金属表面上直接敷贴一块大小适度的金属板。适合于损坏面积较小部位的修补。补片前可使用钢针或风镐探查实际损坏程度，明确锈蚀部位、区域和范围。良好的焊前准备不仅有利于焊接，而且便于检查锈蚀区域和发现其他不良隐患。

补片前先将车身表面涂层除掉，然后用纸或磨光机将表面打磨干净。新板的尺寸应比锈蚀区域大一些，一般要保证有 80mm 左右的重叠部分，补片的四角应钝化，边缘清洁、无毛刺。

焊接补片点焊时，应从一边的中间部位开始，然后按对角"暂焊"的方法交错将补片固定(图 4-8)，间隔以 20～30mm 为宜。这样有利于金属均匀地膨胀(点焊时)或收缩(冷却时)。最后按同样顺序，将点焊间隔分段补焊。

由于补片及焊缝会比原有车身面板略有凸起，因此，还需要将其用敲平的方法予以修整。操作要领为沿焊缝使补片下沉，而不要由补片的其他部位开始向下锤击(图 4-9)。

(2) 挖补。

挖补的方法属于镶嵌式修补，需要将车身锈蚀或腐蚀的部分切割下来，然后用同样大小的金属板嵌入相应的部位后焊牢,适合于损坏面积较大的场合。

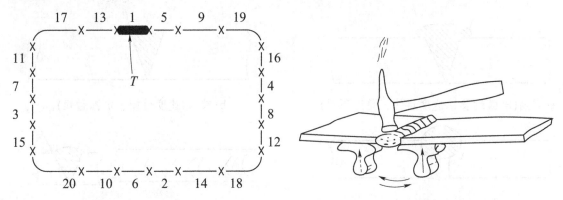

图4-8 补片焊缝的整形
T-焊接次序

图4-9 用锤击法将焊缝敲平

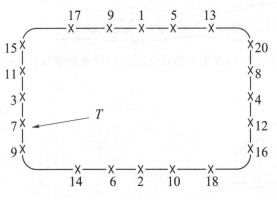

图4-10 暂焊顺序示意图
T-焊接次序

根据车身金属板锈蚀面积确定挖补范围后,用划针标出挖补切割线,然后用风錾、风锯或切割工具将受腐蚀的部位取下,截取一块比切割窗口稍大一点的弧形钢板贴在挖补部位,沿窗口内侧用钢针划切割线,然后沿切割线切割并将毛边修齐,按图4-10所推荐的顺序"暂焊"后,再用CO_2保护焊按对角顺序交替焊牢即可。

(3)焊缝的焊后处理。

由于焊接过程中的热影响,使焊缝周围的金属受热后膨胀而冷却时产生一定的收缩力。为了避免因焊接产生的应力及其引起的变形,可采用图4-11所示的方法,轻轻锤击焊缝以消除由此产生的内应力。

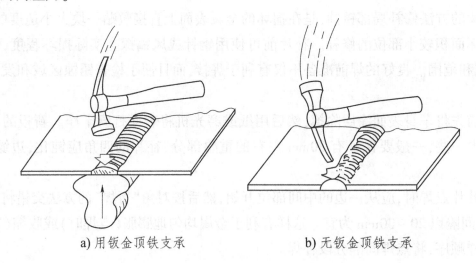

a) 用钣金顶铁支承　　b) 无钣金顶铁支承

图4-11 锤击焊缝消除应力和防止变形

修补后的焊缝一定要进行认真修整,以便为涂装和防锈层的处理奠定基础。焊缝的修整方法主要是砂磨或锉削。需要注意的是,对焊缝表面要求不严格的部位,如:构件内侧、装饰部位等,只要磨削到表面圆滑无毛刺即可,在焊缝上留有的凸起,对提高焊缝的强度和可靠性有利。对于那些有平面度要求的部位,可先通过锤击的方法使焊缝适当下沉一些后再磨削,这样既不影响车身构件的焊接强度,还可以提供更多的磨削余量。对那些不便于用砂轮机打磨的部位,可改用带式打磨机或手工锉削的方法予以修整。

如果用补片的方法修补,焊前一定要在两夹层之间涂施防锈剂,焊后还应在焊缝的背面涂施车身密封剂,以阻止泥、水等的渗入使接缝金属发生早期锈蚀。

对焊缝进行密封性处理时,要先将焊缝及其周围清理干净,然后再用密封胶枪沿焊缝施胶,最后将过量的密封胶及时用手指抹平。

任务二　用氧-乙炔焊修复车身钣金件裂纹

任务描述

一辆轿车左后翼子板受到撞击后产生裂纹,经局部修复后需要焊接裂缝。

理论学习

一、氧-乙炔焊

氧-乙炔焊属于熔焊的一种,是利用可燃气体(乙炔气)和助燃气体(氧气),在焊炬的混合室内混合、喷出并点燃后,通过发生剧烈的氧化燃烧(可达3000℃左右)来熔化焊件金属和焊丝并使之熔合的一种焊接方法,因此也被称为气焊。

由于气焊的氧乙炔火炬的热量不易集中,并且焊接过程加热面积较大以及金属热传导的作用,不仅会使构件发生较大的变形,而且还会改变原有金属材料的性质,使机械性能劣化而影响焊接件的寿命。因此,车身维修作业中一般要尽量避免使用氧-乙炔焊接或利用火焰加热。

1　氧-乙炔焊接设备的组成

氧-乙炔焊接设备主要包括焊炬、调节器、回火防止器、气瓶及橡胶管等。

(1)焊炬。焊炬(俗称焊枪)是气焊的主要工具(图4-12)。由氧气瓶和乙炔瓶分别输出的可燃气体,要通过焊炬按适当比例混合并以一定流速喷射,才能在焊嘴出口形成满足焊接要求的稳定火焰。依可燃气与氧气的混合方式分为射吸式焊炬和等压式焊炬两类;按焊炬尺寸和质量可分为标准型和轻便型两种。

(2)调节器。调节器可以将气瓶输出的高压经调节后输出恒定的低压,因此,也称之为减压器。其中,氧气调节器的承受压力较高,连接部分的安装螺纹为右旋;乙炔调节器的承受压力较低,连接部分的安装螺纹为左旋。

压力调节器分为两种形式,即单级调节器和双级调节器。单级压力调节器可以一次将高压减小到工作压力输出;而双级调节器则通过双级减压方式,将气压调节到工作压力输出。

(3)乙炔回火防止器。在气焊或气割作业时,由于枪嘴阻塞、过热或供气压力过低等因素,使气体火焰进入喷嘴内逆向燃烧,这种现象在焊接作业中称为回火。如果不能有效地抑制回火,就会发生燃烧或爆炸事故。乙炔回火防止器的作用是,在气焊或气割过程中发生回火时,可以防止逆向燃烧的火焰倒流至乙炔发生器或乙炔瓶,或阻止回火后形成的火焰在管路中燃烧。

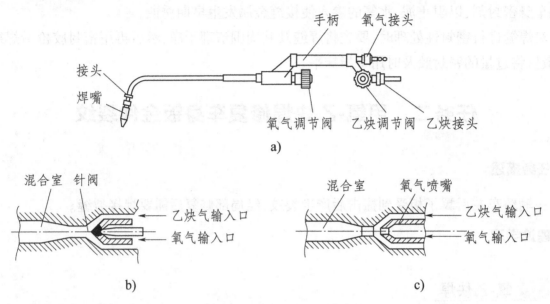

图4-12 焊炬的构造与形式

按回火防止器的作用原理可以分为水封式和干式两种,其中中压干式回火防止器应用得较为普遍。

(4)气瓶。乙炔瓶和氧气瓶是用来分装可燃气体的容器,二者在结构、尺寸、外形、颜色等许多方面都有区别。

氧气瓶由无缝高等级钢制成并经过热处理,具有耐压强度高、抗冲击力好等优点。瓶身为蓝色。氧气瓶在使用过程中应避免阳光直射和剧烈的振动与冲击。另外,氧气极易与油类发生化学反应而起火,这也是使用过程中应当充分注意的事项。当需要搬运或装卸氧气瓶时,应注意瓶口处的金属安全帽装配良好,并保持阀杆处无漏气现象。使用过程中应注意不要将瓶中氧气全部用完(至少留100kPa以上的氧气压力),以便于安全、除尘、充气充足和纯净。

乙炔气瓶瓶身为白色且瓶颈较粗,用较薄的钢板焊接而成。因为乙炔气不能直接以高压充入钢瓶内,故瓶内充以多孔性材料,如石棉、活性炭、轻木等,这些材料浸透液态丙酮,利用乙炔能溶解于丙酮的特性,像吸水纸那样通过丙酮吸收并大量液化乙炔。而这种状态下的乙炔是十分稳定的,非自由状态的乙炔便不会改变其组成。乙炔瓶的工作压力是14.7MPa,使用时应避免振动、高温和10m以内的明火等。放置时瓶体应直立,否则,会因丙酮溢出而引发火灾及爆炸事故。

(5)氧-乙炔焊接设备组装的注意事项。氧-乙炔焊接设备在使用中应注意清洁和轻拿轻放。组装前应使气瓶可靠固定,然后将安全帽拆下并将气阀轻微松开,清洁阀口并确认无杂物及阻塞后关闭阀门。安装压力调节器后,在压力调节阀杆松开前不要急于打开气瓶阀门,并且阀门打开的速度也不宜过快,以免使膜片受到剧烈冲击。

然后装上软管并旋转压力调节阀,用有压力的气体将软管逐个吹净。放气时应注意不要过量,附近也不能有明火、机油、油脂等。最后再装上焊枪或割枪,并确保各部连接紧固、可靠、无泄漏。

使用时,先稍微开启焊枪上的乙炔阀门,再顺时针转动调节器上的压力调节杆,达到工作压力时将阀门关闭。用同样方法,将氧气的输出压力调节至规定值。用无油肥皂水溶液检查各部连接的可靠性,如有泄漏应查明原因并排除后方可作业。

点火时应先慢慢开启氧气阀然后再开启乙炔阀,点火后可根据使用要求调节氧气和乙炔的比例,以获得焊接所需的火焰形式。

❷ 火焰的形式及调整

火焰的状态取决于氧-乙炔的混合比例,通过调整可以得到中性焰、碳化焰、氧化焰三种。

(1)火焰的形式。

①中性焰(也称标准火)的氧-乙炔比例为1∶1(按体积计算)。火焰的最高温度可达3000~3200℃,外焰呈清澈的蓝色,内焰呈亮白色(图4-13b)。中性焰在燃烧时生成的一氧化碳及氢气,能与金属中的氧作用使熔池中的氧化铁还原。使用中性焰可得到均匀的焊波,并且不易造成气孔、气泡和不含氧化物,焊缝质量比较优良。

②碳化焰(也称还原焰)的氧气少于乙炔气的含量。碳化焰与中性焰不同的是,焰心和外焰与中性焰大致相同(图4-13c)。但其间多了一个灰色的锥形乙炔焰包在焰心上,长度随混合气中乙炔余量的多少而异。

火焰中所含过剩乙炔可分解为氢和碳,其中氢使钢产生白点,碳则熔化到金属中使焊件的含碳量提高。由此可增加钢的强度、硬度,但塑性降低及可焊性变差。焊接铸铁及铝、镍等合金材料时多用碳化焰。

③氧化焰的氧气多于乙炔气的含量,整个火焰具有氧化性。其形态与中性焰类似,但焰心要短一些并呈现紫色,外焰也较短且末梢模糊不清(图4-13d)。

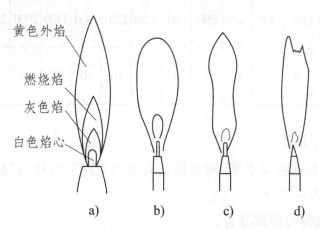

图4-13 火焰的形式

过多的氧和铁发生作用生成氧化铁,使钢的性质变坏、脆化,熔池的沸腾现象也比较严重。所以对低碳钢构件进行焊接时不能用氧化焰。

氧化焰适合于焊接黄铜及青铜类材料,过量的氧能与黄铜中的锌元素化合,生成氧化锌薄膜覆盖在熔池表面,可以防止锌在焊接过程中的大量蒸发。

(2)火焰的调整。

进行火焰调整前,应先检查并调定氧气、乙炔气的输出压力,并选用合适的焊炬和钣金用标准焊嘴。

操作时先将乙炔调节阀打开约1/2圈点火,进而继续开大乙炔阀使之出现红黄色火焰。随后缓慢打开氧气调节阀,使火焰变蓝直至获得清晰鲜明的亮白色焰心为止,这便是如前所述的焊接中性焰。在中性焰的基础上进行调节,可分别获得焊接所需的碳化焰、氧化焰。

(3)焊炬规格与压力限制。

氧-乙炔焊炬配有一套规格不同的焊嘴,以适于焊接不同板厚的金属。通常,根据焊炬及焊嘴型号可近似地判定其每小时的气体消耗量。表4-3所示为焊炬型号、焊嘴规格、气压参数及焊接板厚等数据,可供焊接实践中参考。

焊炬型号与焊嘴规格及气压参数表　　　　表4-3

焊炬型号	H01-6					H01-12					H01-20					H02-1		
焊嘴号码	1	2	3	4	5	1	2	3	4	5	1	2	3	4	5	1	2	3
焊嘴孔径(mm)	0.9	1.0	1.1	1.2	1.3	1.4	1.6	1.8	2.0	2.2	2.4	2.6	2.8	3.0	3.2	0.5	0.7	0.9
氧气压力(MPa)	0.2	0.25	0.3	0.35	0.4	0.4	0.45	0.5	0.6	0.7	0.6	0.65	0.7	0.75	0.8	0.1	0.15	0.2
乙炔压力(MPa)	0.001~0.1					0.001~0.1					0.001~0.1					0.001~0.1		
氧气耗量(m^3/h)	0.15	0.20	0.24	0.28	0.37	0.37	0.49	0.65	0.83	1.10	1.25	1.45	1.65	1.95	2.25	0.017	0.05	0.11
乙炔耗量(L/h)	170	240	280	330	430	430	580	780	1050	1210	1500	1700	2000	2300	2600	21	60	120
焊接板厚(mm)	1	2	3	4	5	6	7	8	9	10	10	12	14	16	18	0.2	0.4	0.7

❸ 氧-乙炔焊的焊接技术

提高氧-乙炔焊的焊接技术水平,需要通过大量的实践进行体会与摸索。这里所归纳的只是其中的有代表性的一部分。

(1)焊接规范的选择与焊前准备。

①焊炬的倾角。焊炬的倾角指焊嘴与焊接件平面的倾斜角度,由焊接件的厚度、熔点、导热性来决定。一般厚度大、熔点高、导热快其倾角也越大。图4-14为焊接低碳钢材料时,板厚与倾角之间的变化关系。若为熔点高或导热快的其他金属材料时,可在推荐角度值的基础上,增加5°~10°的倾斜角。

②火焰能率。火焰能率是指单位时间内可燃气体(乙炔)的燃烧量。选取能率大小的依据,主要取决于焊炬型号、焊嘴规格、焊件厚度和材料的物理性质。一般厚度大、熔点高、导热快的焊件,以及横缝、平焊所选取的火焰能率就大些;反之,焊接薄钢板时,为了避免焊件被烧穿,则需要较小的火焰能率。

调节火焰能率的方法分为粗调和细调两种。其中,粗调通过更换焊炬和焊嘴来实现;细调则通过调节焊炬上的氧气和乙炔调节阀来实现。焊接过程中,在确保焊件不被烧穿的前提下,可以将火焰能率选择得大一些。

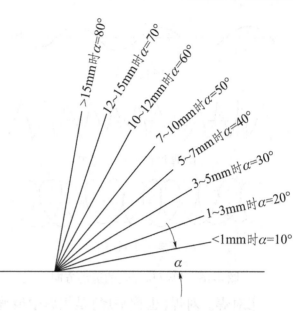

图4-14 焊炬倾斜角与工具厚度的关系

③焊丝直径。焊丝直径由焊件厚度及焊接方法所决定。当焊接板厚低于15mm的焊件时,右焊法按板厚的1/2选择焊丝直径;左焊法将右焊法所选焊丝直径增加1mm。当焊接厚度大于15mm时,所选焊丝直径一般为6~8mm。

④焊接方向。气焊按熔焊走向分为左向焊(图4-15a)和右向焊(图4-15b)。

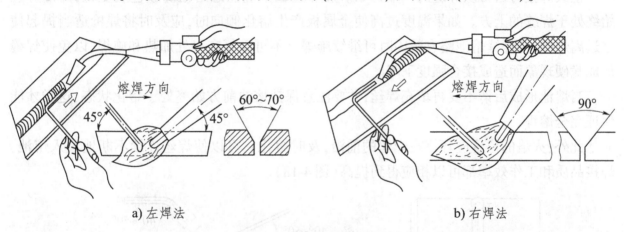

a) 左焊法　　　　　　　　　b) 右焊法

图4-15 焊接的操作方法

右向焊比左向焊的优点多,主要体现在:火焰指向焊缝,能很好地保护熔池的金属,它受周围空气的影响较小焊缝冷却缓慢;由于热量集中,钢板的坡口角度可以适当开得小一些,焊件的收缩量和变形均有所减少;火焰对着焊缝能起焊后回火的作用,使焊件冷却缓慢故组织细密、质量优良;热利用率高可节约燃气消耗并提高焊接速度。缺点是技术难度较大,不易掌握。

左向焊则与此相反,只是火焰指向焊口的前方而起一定的预热作用。

⑤焊丝运动方式。选择何种焊丝与焊炬的运动方式,主要与焊缝状态、空间位置、焊件厚度和焊缝尺寸的大小有关。其目的在于使焊缝金属熔透又不至于将焊件烧穿;搅动熔池使各种非金属夹杂物从熔池中排出,气体也不至于夹在焊缝内。通常应用的运动方式如图4-16所示。

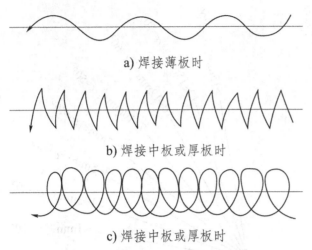

图 4-16 焊炬和焊丝的运动方向
a) 焊接薄板时
b) 焊接中板或厚板时
c) 焊接中板或厚板时

⑥焊前准备。焊接前的准备工作主要有做坡口、清洁焊接部位和使焊件定位。除非必要而使用专门卡具外,一般以暂焊方法将焊件定位即可。每次暂焊的长度约为5mm,间距为50~100mm;对于较厚钢板其定位焊的长度约20~30mm,间距为300~500mm。进行定位焊时,也应遵循前述焊接规范并注意焊接品质和定位正确。

(2)各种空间位置的焊接方式。

根据焊件的使用要求,常见的焊件连接方式有对接、搭接、角接和T形焊四种。

①对焊。对焊(也称平焊)是气焊中最普通和最常见的一种方法,它用以将两块金属板以对接方式连接在一起。焊接时应预先留出相当于板厚的间隙,使用中性焰先加热焊缝一端的边缘,待边角开始熔化时将焊丝加入焊缝将一端固定;用同样方法连接焊缝的另一端。这种临时性点焊也称"暂焊",主要用于固定对接金属板的相对位置(图4-17)。如果焊缝较长时,还应采取分段方法"暂焊"。

正式焊接时通常从焊缝的一端开始。加热过程中应注意熔池的颜色及变化,并使焊丝始终处于焊缝的上方。如果温度过高使金属板产生熔化倾向时,应及时将焊枪适当提起使之远离焊缝,待焊缝熔池略有凝固时可继续施焊。不可反复在一处加热和施焊,以免使焊缝形成脆硬现象而造成接合强度下降。

当熔池形成后请不要再填充焊丝,并要注意保持熔池前方始终处于熔化状态,这样才能保证完全熔焊。

此外,火焰的位置应环绕在焊丝的前沿,及时熔化它可以使焊丝连续不断地填入熔池,焊接品质和工作效率都可以相应得到提高(图4-18)。

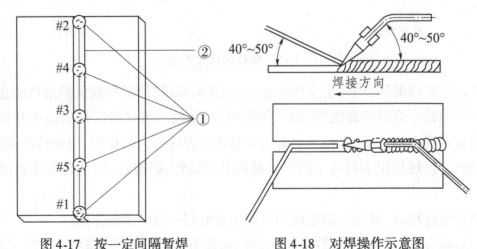

图 4-17 按一定间隔暂焊　　图 4-18 对焊操作示意图

焊后应检查焊缝的质量,如焊接波纹是否连贯、平顺,是否有焊透或假焊等焊接缺陷。

②搭接焊。搭接端焊也称填角焊,通常用于金属板的搭接或在锈蚀的工作面上补片(图4-19)。搭接焊使用中性焰,焊前同样需要用"暂焊"方法将其固定,施焊过程中将焰心

离开上板6mm左右,这样可使下板得到更多的加热机会。当熔池形成后再以焰心靠近上板并加入焊丝。焊丝的位置应靠近上板并在火焰与上板之间移动,焰心则应指向下板。

搭接焊需要填充更多的焊条,并且有条件形成充足的焊缝,由此可以获得比其他方式更可靠的焊接强度。

③角焊和"T"形焊。角焊和"T"形焊的连接方式基本相同,用以焊接以垂直或以一定角度连接的焊接(图4-20)。进行角焊和"T"形焊时也要以一定间隔"暂焊",但可以省略施焊过程中的预热操作,从开始到结束可一次性连续完成。角焊和"T"形焊比搭接焊显得容易些,主要在于两焊件的受热可以比较均匀,并且熔池的形成也比较容易。需要注意的是焊枪角度应适当减小,以增大加热面积和避免熔化面积过大、过热穿透焊件。

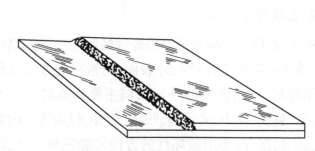

图4-19 搭接焊操作示意图

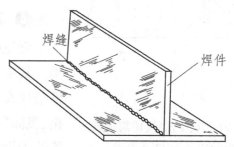

图4-20 T形焊示意图

此外,角焊和"T"形焊的焊后变形比较难以矫正,应利用交错暂焊和分段施焊控制变形。

知识拓展

❶ 氧-乙炔切割

车身维修作业经常利用氧-乙炔切割螺栓和构件,而且由于火焰切割速度快、用途广泛和价格便宜等优点而得到广泛的应用。

❷ 切割嘴的规格与气压

采用氧-乙炔切割只要更换焊炬并参照表4-4推荐的参数,选择与切割金属板厚度相对应的气割嘴和调整所需的氧-乙炔气体压力等即可进行金属切割。

氧-乙炔切割嘴及气压参数表　　表4-4

切割板厚 (mm)	切割嘴规格	清理预热区尺寸 (mm)	切割氧气压力 (kPa)	乙炔气压力 (kPa)
3	No.2	77	104～138	21～32
6～10	No.3	75	138～242	21～35
13	No.4	73	207～276	21～35
25	No.4	73	276～345	21～35
50	No.4	73	414	21～35

❸ 基本原理和操作要领

氧-乙炔切割是利用金属在纯氧气流中能够剧烈燃烧,同时生成熔渣和大量的热量这一原理而进行的。

图 4-21 所示为切割嘴的断面构造,由预热火焰气孔、切割氧气孔、切割嘴体组成。纯氧气从切割氧气孔吹向热金属,预热火焰则从切割孔周围的预热孔喷出,并且预热火焰的大小可以通过割炬上的调节阀加以控制。

切割时先打开气阀并点燃割炬(中性焰),再通过调整预热阀实现火焰强度的调节。将金属切割处加热到燃烧温度(燃点)时,应及时打开切割氧气阀向切割部位开放氧气,使金属在纯氧气中剧烈燃烧(氧化)。

④ 氧-乙炔焊接缺陷

常见的氧-乙炔焊接缺陷可分为外部缺陷和内部缺陷两大类。其中,外部缺陷位于焊缝的外表面,用检视的方法或借助低倍放大镜即可发现;常见的外部缺陷主要为焊缝尺寸不合格、表面气孔、裂纹、咬边、未焊满、凹坑、烧穿、焊瘤等。内部缺陷位于焊缝的内部,需要用破坏性的方法才能发现;常见的内部缺陷主要有气孔、裂纹、夹渣、未焊透和未熔合等。

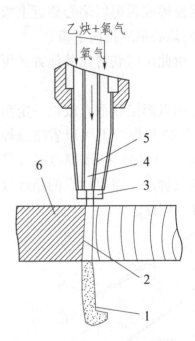

图 4-21 氧-乙炔气切割示意图
1-氧化铁渣;2-切口;3-预热火焰;
4-切割氧气喷嘴;5-割嘴;6-工件

任务三　用点焊或塞焊更换前车身悬架支承构件

任务描述

一辆轿车左侧受到撞击后损坏严重,需更换前车身悬架支承构件。

理论学习

电阻焊俗称点焊,属于压力焊的一种,具有焊接时间短、变形小等许多优点,故电阻焊在汽车制造与维修中发挥着重要作用。

① 电阻焊原理及设备的组成

电阻焊是利用金属通电后两构件接触部位的电阻产生热量并熔化,在外力的作用下使其熔合在一起,断电冷却后两构件便形成了永久性连接。

(1)电阻焊三要素。

电阻焊的三个基本要素分别为挤压、电流和维持时间。

①挤压。使用电阻焊实现两块金属板的有效焊接,其前提条件是焊钳作用于金属板上的压力。因为电阻焊是在焊钳将金属板挟持后并通电,使电流经焊头和工件后,引起金属熔化后使之接合在一起的。只有合适的点焊压力才能确保电流通过并使通电过程中产生的热量及时扩散到较广的区域,使焊点直径小且熔深合适(较深)。

②电流。当压力作用在金属板上并通过合适的电流时,金属板便会熔化并接合在一起。但是,如果电流过大以及压力过小,两金属板之间便会发生内部溅滴使焊接质量下降。显

然，只有电流小并且压力大才能有效地抑制焊溅。

③维持时间。如果停止加电使熔化的金属冷却，在焊点位置便会形成一个圆形、呈扁平状的焊核。当焊点处的金属冷却过程中即焊核形成之前，保持焊点压力并使之维持一定时间是十分必要的。

(2) 电阻焊工作原理及设备。

电阻焊机的工作原理如图4-22所示。两电极将焊件板夹紧，以保证大电流集中通过板上被压紧的这一点。夹紧并通电后，电流经电极和板件接合处流过，因固接点处的电阻比电极大得多而迅速升温。继续加热焊件的金属被熔化，其中焊件表面上的热量很容易被铜电极带走，显然加热最强的地方不在电极与焊件之间，而是在两个焊件相接触的部位。断电后冷却，熔合处便形成固化的圆点即焊接点。

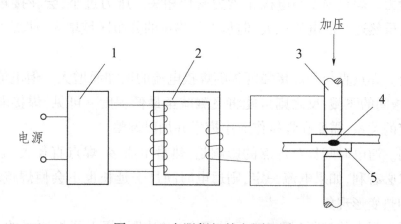

图4-22 电阻焊机的电原理图
1-通电时间调控器；2-变压器；3-点极(铜合金)；4-点焊熔核；5-焊件

为使两焊件能很好接触，需要给予一定的压力。压力的作用还会使金属组织细密，连接强度提高。所以，电阻焊机一定要有可靠的焊件压紧装置。一般是利用杠杆的原理，制成机械式加压机构，它具有结构简单、使用可靠、便于操作的优点。

挤压式电阻焊机是车身维修中理想的设备之一，它具有良好的接触强度而无构件变形。电阻焊机的电源部分相当于一台变压器，它能向电极提供低电压、大电流。电阻焊机控制器可以调整输出的焊接电流及通电时间，当开关接通时电流按调定的时间接通和断电。时间的调解范围通常为1/6~1s，时间重复精度至少为1/10s。一般车身用钢板厚度约为1mm，所需输出电流大多在6500A以上。台式电阻焊机电源与焊钳制成一体；便携式的电阻焊机与焊钳各自分开，其中功率较小的电阻焊机也有一体式(焊钳与电源制成一体)的。

焊钳上装配的焊臂有多种类型，以供不同焊接场合下选用(图4-23)。焊钳电极端头的形状是一样的，经过多次使用而磨损、烧蚀后，应及时将两端面修磨平整，以免烧蚀电极和影响焊接质量。

❷ 电阻焊的焊接技术

便携式(也称手提式)电阻焊机在车身维修中应用得十分普遍，故以此为主加以介绍。

(1) 焊接规范。

影响点焊质量的因素很多，除了电极压力、焊接电流、通电时间以外，其他如电极状态、焊钳臂装配情况、焊件的材料与清洁程度等,也都有不容忽视的影响。

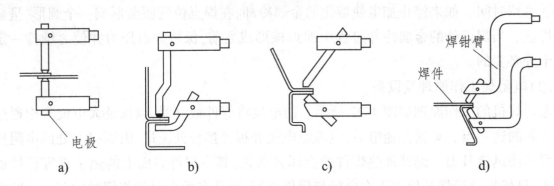

图 4-23 电阻焊焊钳类型

①电极压紧力。焊点强度与电极压紧力密切相关。压力过小,会在接触点处造成焊接飞溅;压力过大,虽然通过的电流也大,但是由于热量的分布区域增大,使焊点直径和熔深反而变小。

②焊接电流。焊点直径和焊接强度都随焊接电流的增加而增大。但电流过大且压力较小时,也会造成板间的飞溅;反之则可能将飞溅减至最低程度。可见,焊接电流和电极压力之间还存在一定的关系,需要在焊接作业中摸索并加以调整。

③通电时间。通电时间长对焊点的影响是,热量生成多、焊点直径大、熔深也深。但通电时间过长也未必有利,如果电流一定,则通电时间过于延长也不会使焊点增大,反而还会出现电极压痕和热变形现象。

④焊点布置。焊点的间距(焊点之间的距离)和边距(焊点至板边缘的距离)对焊点强度也有决定性作用。缩小焊点间距虽然可以提高焊件的连接强度,但实际上也是有限度的。因为间距超过一定的限度,焊接电流会经由上一个焊点导走、泄漏。这时所增加的焊点不再具有增强焊件连接强度的作用,而且还会适得其反。从这个意义上来说,焊点的间距一定要跨出电流的泄漏区。焊点的边距不足,其接合质量也不可靠。

表 4-5 给出了与不同规格板厚相匹配的焊接电流、电极压紧力、通电时间及焊点布置要求等。由于电阻焊机只能焊接薄钢板(一般为 0.7~1.4mm、总厚度不超过 3mm),并且有些电阻焊机的电流和电极压力为不可调的。对此,可参照焊机说明书的规定用适当加长焊钳臂和通电时间的方法来解决。

低碳钢板点焊技术规范　　　　表 4-5

板厚 (mm)	最佳条件			电极直径(mm)		焊点布置(mm)		结果
	通电时间 (s)	压紧力 (N)	电流 (A)	端部	杆部	间距	边距	抗剪力 (N)
0.6	0.11	1471	6600	4.0	10	11 以上	5 以上	2942
0.8	0.14	1863	7800	4.5	10	14 以上	5 以上	4315
1.0	0.17	2206	8800	5.0	13	18 以上	6 以上	5982
1.2	0.20	2648	9800	5.5	13	22 以上	7 以上	7649
1.6	0.27	3530	11500	6.3	13	29 以上	8 以上	10395

(2)电阻焊的操作要领。

要求点焊的焊前准备工作必须细致入微,否则,因接合强度不好而造成返工时,常常需要将不合格的焊点重新打磨掉。

①焊件的清洁。点焊板件的清洁部位,不仅在于两焊件之间,与点焊电极的接触点同样也需要认真打磨干净(包括板材表面上的油漆)。对于不便清除的油污,还可以采取火焰法轻烧轻燎,然后再将板材表面用钢丝刷或钢丝磨轮打磨干净(能否用火焰法应视具体情形而定)。

②调整焊接臂。电阻焊机在使用以前应先检查焊臂是否装配牢固,以确保焊钳上所装焊接臂的位置准确度,它的装配状态正确与否,对电极压紧力和电流的通过能力都有影响。其基本要求是:两焊极的端面应平行、重合,并按要求调好电极的压紧力。许多焊机上都设有能调整压力的调节器,可根据实际需要加以选择。

③焊接。按焊接规范选定有关参数和电极等,将焊件的相互位置确定并用大力钳等专用工具夹紧后,即可按计划分布的焊点施焊。对于手提式电阻焊机,在连续焊接5~6个焊点后应稍微停止一下,让电极冷却一段时间。正常使用过程中,电极也会发生烧灼和积垢使电阻增大。通过焊件的电流就会减少,焊点的熔深变浅。当焊接过程中发现电极端头发红或火花飞溅增多,应及时用专用电焊极修整器(或电极修磨机)将电极端头修磨好。

④焊点的外观检查。由于点焊的焊接点在两板面之间,难以观察焊接过程及其焊接质量。但是,仍然可以在焊接终了后,凭外观检查来判断其焊接质量如何(图4-24)。检查压痕深度不得大于板厚的1/2(图4-24a),当两板件的厚度不一时,应以较薄的尺寸为准。焊件表面不可有较为明显的针孔(图4-24b)。焊件表面不应发生明显的飞溅现象(图4-24c),如属于车身蒙皮、外板等覆盖件,戴手套抹拭不得刮丝。

对试焊件焊接质量进行检查时,可参照图4-25所示的方法用力拆解。根据断口的清晰与否,直观地判定点焊质量的优劣。也可用图4-26所示的扁口錾,距焊点7~10mm处沿焊件接缝楔入板间,打进深度以观察到熔核形状时为止(不得超过30mm),确认焊点无脱开后抽出检具并将检验处修平。

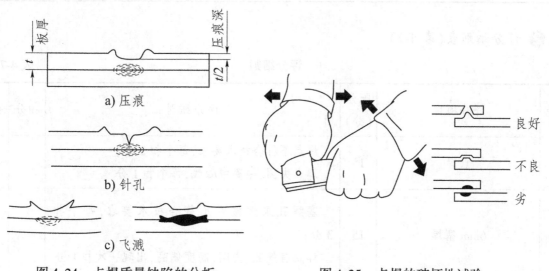

图4-24 点焊质量缺陷的分析　　　　图4-25 点焊的破坏性试验

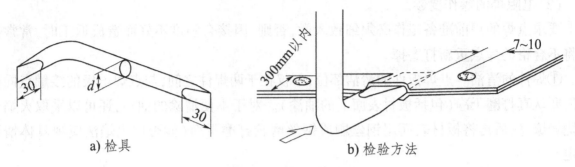

图 4-26 焊接质量检验试验

任务实施

车身焊接

1 任务实施表（表 4-6）

表 4-6　　任务实施表

任务名称	
任务时间	
小组成员	
任务要求：在试焊片上完成五种焊接训练。 (1) 电阻焊焊接技术要求。 ①焊点失圆、外圈不连续、出现熔敷物等缺陷，判定此焊点不合格。 ②焊点直径：≥4mm。 (2) 气体保护焊焊接技术要求。 ①连续对接焊：焊疤宽度为 5~8mm；焊疤高度≤2mm。 ②连续点焊：焊疤宽度为 3~6mm；焊疤高度≤2mm。 ③塞孔焊(9mm)：焊点直径为 10~13mm；焊点高度≤2mm；背面焊疤最小直径≥9mm。 ④塞孔焊(6mm)：焊点直径为 7~9mm；焊点高度≤2mm。	

2 评分细则表（表 4-7）

表 4-7　　评分细则

序号	评分项目	配分（分）	评分细则	扣分	得分
1	点焊	15	焊点不符合技术要求，每个扣 2 分； 焊点失圆、偏离中心线，每个扣 1 分		
2	6mm 塞焊	15	塞焊孔未焊接或不符合技术要求，每个扣 3 分； 焊点有气孔、失圆、高度偏高，出现一次扣 1 分		

续上表

序号	评分项目	配分(分)	评分细则	扣分	得分
3	9mm 塞焊	15	塞焊孔未焊接或不符合技术要求,每个扣3分; 焊点有气孔、失圆、高度偏高,出现一次扣1分; 焊点背面焊透最小直径小于9mm,每个扣2分		
4	连续焊对接焊	25	焊疤未跳焊,每次扣5分,共10分; 焊疤不符合技术要求,每处扣4分; 焊疤弯曲,一处扣2分; 焊疤接头不符合要求,每个扣2分		
5	连续点焊对接焊	30	焊疤未跳焊,每次扣5分,共20分; 焊疤不符合技术要求,每处扣4分; 焊疤弯曲,一处扣2分; 焊疤接头不符合要求,每个扣2分; 焊疤两侧出现阶差,每处扣2分; 焊疤出现气孔,每个扣1分; 焊疤焊接不均匀,每处扣1分		
	总分	100			

知识拓展

一 钎焊

1 钎焊的原理与设备

钎焊是指利用一种比母材熔点低的材料作填料,熔化后靠其流动性好和毛细作用渗入母材,使零件连接在一起的方法。事实上,所谓钎焊并不属于焊接的一种形式,而只不过是利用这一机理将零件黏结在一起罢了。它与焊接的本质区别在于,焊接将母材与焊料熔化在一起,而钎焊则只有焊料自身熔化并与母材形成黏结而已(图4-27)。

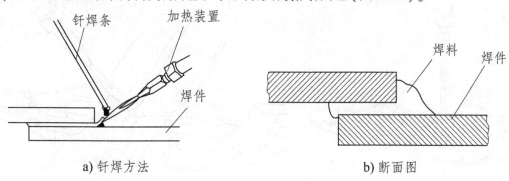

a) 钎焊方法　　b) 断面图

图 4-27　钎焊原理与断面

钎焊分为硬钎焊和软钎焊两种。其中,硬钎焊多指铜焊,使用的是一种熔点较低的铜锌合金焊条。软钎焊多指锡焊,使用的是熔点更低的铅锡合金焊料,应用时可根据需要调整合金比例以满足使用要求。

钎焊的主要特点是:焊接温度低、母材变形小;还可以将本不相熔的材料焊接在一起;焊料的流动性好,很适合于车身表面溜缝和填补(图4-28a);但是钎焊无熔深,故连接强度较差,对接头形式有着不同于其他焊接方法的特殊要求(图4-28b、c)。

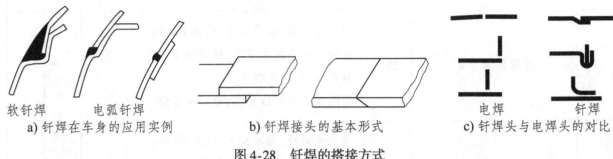

a) 钎焊在车身的应用实例　　b) 钎焊接头的基本形式　　c) 钎焊头与电焊头的对比

图4-28　钎焊的搭接方式

车身维修中的硬钎焊作业使用的是氧-乙炔焊接设备。有些汽车出于防腐和水密性的要求,装配中在车顶与壳体围板的连接处,应用了电弧钎焊技术。电弧钎焊的原理与熔化极气体保护焊相似,只是用钎料代替了钢丝并改换成氩气保护。

软钎焊所用的设备和工具更简单,主要有烙铁、热源(喷灯或气焊火焰)以及长把钳子、锉刀等。用紫铜制成的烙铁是软钎焊的间接加热工具,有多种不同的形状以适应于各种使用场合。

钎焊是焊接中对焊前处理要求最严格的一种。

❷ 钎焊技术

(1)铜焊的操作。

对母材的清洁不仅限于漆膜、油污(清理方法前面有述)等,还要清除金属表面暴露于大气所形成的一层氧化膜。方法是用钢刷打磨并在加热过程中使用焊剂。

焊件经彻底清理后,用轻度碳化焰均匀加热母材的焊接表面(图4-29),使之达到能接纳焊料的温度(约430℃),即相当于钎料的熔点(可根据钎料端头的熔化状态来估计)。确认温度适宜后,即可将焊料熔敷到母材表面(图4-30),让其自由地流动将所焊部位填满。已填足焊料的部位不宜再继续加热。

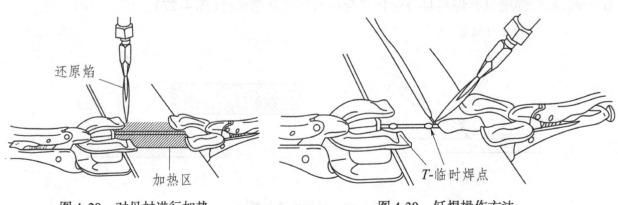

图4-29　对母材进行加热　　　　　　　　图4-30　钎焊操作方法

对于活动的焊件应预先将其固定并夹紧,较长的焊缝也需要将其分段定位焊。作业中应注意焊接部位不得过热,否则,将会使焊剂失去作用而影响接合强度。焊点温度不足时,不能向上熔敷焊料,不然会发生焊料滚动现象使之黏结不上。

钎焊终了冷却后,应用水将残余焊剂冲掉,表面还应用钢丝刷等进行打磨,以防止硬化的焊剂附着在焊件表面而影响涂装和耐蚀性等。

(2)锡焊的操作。

锡焊的加热温度比铜焊低许多,而且是借助烙铁来实现热能转移的,对焊接表面的清洁度要求更高。最好是打磨干净后,再用汽油或酒精将表面擦洗一遍。

没有挂锡的烙铁不能使用。焊前应先将烙铁口打磨干净,然后加热到能使其挂锡的温度,蘸焊剂并挂锡。烙铁的加热温度应适宜,过低不能使焊锡熔化,过高则会引起烙铁氧化不挂锡。

焊锡过渡于焊件表面的方法有两种:一是用烙铁蘸锡然后直接施焊于焊接表面;另一种方法是手持条形焊锡,借烙铁温度或专用焊枪不断将焊锡熔化在焊接部位。其具体操作方法可参照图4-31所示的步骤进行。

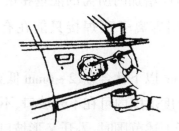
a) 打磨并擦拭干净后刷涂软钎焊剂

b) 对涂过焊剂的部位加热并及时抹去浮渣

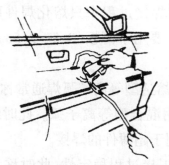
c) 在对板面和焊锡进行均匀加热过程中,填补焊料并及时用刮子抹平

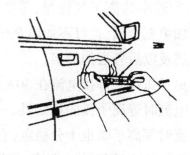
d) 冷却后用柔性挫将表面修磨平整

图4-31 用软钎焊修补车身外板

焊接终了还要及时修整并清洁焊口表面,对不平整之处还可使用锉刀或刮刀等加以修平。

二 等离子弧焊

1 等离子弧焊

(1)等离子弧焊的基本方法。

按焊缝成形原理,等离子弧焊有下列三种基本方法:穿透型等离子弧焊;熔透型等离子弧焊;微束等离子弧焊。

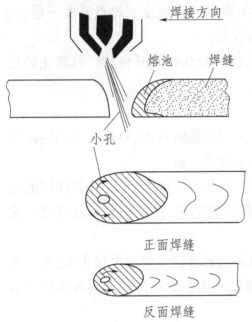

图4-32 穿透型等离子弧焊接

①穿透型等离子弧焊。穿透型等离子弧焊又称穿孔型焊接法,即大电流焊接法。该方法是利用等离子弧直径小、温度高、能量密度大、穿透力强的特点,在适当的参数条件下实现的,如图4-32所示。焊接时,等离子弧把工件完全穿透并在等离子流力作用下形成一个穿透工件的小孔,熔化金属被排挤在小孔周围。随着焊枪向前移动,熔池中的液态金属在电弧吹力、表面张力作用下沿熔池壁向熔池后方移动,于是小孔也跟着焊枪向前移动,形成完全熔透的正反面都有波纹的焊缝,即所谓的小孔效应。焊接时一般不加填充金属。目前大电流(100~300A)等离子弧焊接通常采用这种方法。

但是,小孔效应只有在足够的能量密度条件下才能形成。板厚增加时所需的能量密度也增加,而等离子弧的能量密度难以再进一步提高,因此,穿透型等离子弧焊接只能在有限板厚范围内进行。

此法在应用上最适于焊接3~8mm不锈钢、12mm以下钛合金、2~6mm低碳钢或低合金结构钢以及铜、黄铜、镍及镍合金的对接焊。在上述厚度范围内可在不开坡口、不加填充金属、不用衬垫的条件下实现单面焊双面成形。当厚度大于上述范围时,需开V形坡口进行多层焊。

②熔透型等离子弧焊。熔透型等离子弧焊又称熔入型焊接法,它是采用较小的焊接电流(15~100A)和较小的离子气流量,等离子弧在焊接过程中只熔化焊件而不产生小孔效应。焊接时可加填充金属,也可不加填充金属。主要用于薄板(0.5~2.5mm以下)的焊接,多层焊的第二层及以后各层的焊接。

③微束等离子弧焊。焊接电流在30A以下的熔透型等离子弧焊通常称为微束等离子弧焊。为保证小电流时等离子弧的稳定性,一般采用混合型等离子弧。此时维弧电流始终存在,因此,小电流时等离子弧也十分稳定,它主要用于超薄件的焊接。

上述三种方法均可采用脉冲电流,借以提高焊接过程稳定性,此时称为脉冲等离子弧焊。此法适于全位置焊接,并且焊接热影响区和焊接变形都较小。

(2)等离子弧焊设备与分类。

按操作方式不同,等离子弧焊设备可分为手工焊设备和自动焊设备两大类。手工焊设备主要由焊接电源、焊枪、控制系统、气路系统和水路系统等部分组成;自动焊设备除上述之外,还有焊接小车和送丝机构(焊接时需要加填充金属)。

按焊接电流的大小,等离子弧焊设备可分为大电流等离子弧焊设备和微束等离子弧焊设备。

(3)等离子弧焊工艺。

①接头形式。用于等离子弧焊接的通用接头形式为I形对接接头、开单面V形和双面

V形坡口的对接接头以及开单面U形和双面U形坡口的对接接头。除此之外,也可用角接接头和T形接头。

厚度大于1.6mm,但小于表4-8所列厚度值的焊件,可不开坡口,采用穿透型焊接法一次焊透。

等离子弧一次焊透的工作厚度　　　　　　　　　表4-8

材料	不锈钢	钛及钛合金	镍及镍合金	低碳钢
厚度范围	≤8mm	≤12mm	≤6mm	≤8mm

对于厚度较大的焊件,需要开坡口进行多层焊。为使第一层焊缝仍可采用穿透法焊接,坡口钝边可留至5mm,坡口角度也可减小,如图4-33所示。以后各层焊缝可采用熔透型焊接法焊接。

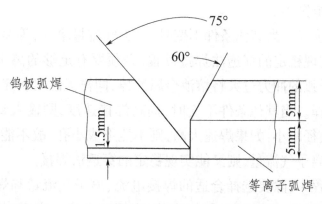

图4-33　10mm不锈钢板采用不同焊接方法坡口对比

焊件厚度如果在0.05~1.6mm之间,使用微束等离子弧焊接。常用接头形式如图4-34所示。焊接时要采用可靠的焊接夹具,以保证工件的装配质量。装配间隙和错边量越小越好。

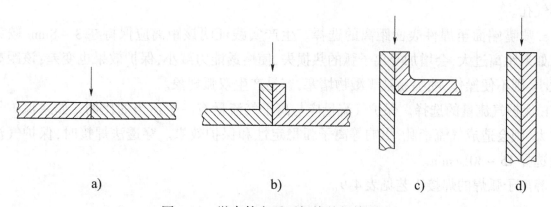

图4-34　微束等离子弧焊接的焊接形式

②等离子弧焊气体的选择。等离子弧焊时,除向焊枪输入离子气外,还要输入保护气,以充分保护熔池不受大气污染。目前应用最广的离子气是氩气,适用于所有金属。为提高焊接生产效率和改善接头质量,针对不同金属可在氩气中加入其他气体。例如,焊接不锈钢和镍合金时,可在氩气中加入5%~7.5%的氢气。

大电流等离子弧焊时离子气与保护气成分应相同,否则,会影响等离子弧的稳定性。小电流等离子弧焊时,离子气与保护气成分可以相同,也可以不同,因为此时气体成分对等离子弧的稳定性影响不大。

③焊接工艺参数的选择。

a. 喷嘴孔径的选择。喷嘴孔径直接决定对等离子弧的压缩程度,是选择其他参数的前提。在焊接生产过程中,当焊件厚度增大时,焊接电流也应增大,但一定孔径的喷嘴其许用电流是有限制的。因此,一般应按焊件厚度和所需电流值确定喷嘴孔径。

b. 焊接电流的选择。当其他条件不变时,焊接电流增加,等离子弧的热功率也增加,熔透能力增强。因此,应根据被焊焊件的材质和厚度首先确定焊接电流。在采用穿透法焊接时,如果电流太小,则形成小孔的直径也小,甚至不能形成小孔,无法实现穿透法焊接;如果电流过大,则形成的小孔直径也过大,熔化金属过多,易造成熔池金属坠落,也无法实现穿透法焊接。同时,电流过大还容易引起双弧现象。因此,当其工艺参数及喷嘴孔径一定时,焊接电流应控制在一定范围内。

c. 离子气流量的选择。当其他条件不变时,离子气流量增加,等离子弧的冲力和穿透能力都增大。因此,要实现稳定的穿透法焊接过程,必须要有足够的离子气流量;但离子气流量太大时,会使等离子弧的冲力过大将熔池金属冲掉,同样无法实现穿透法焊接。

d. 焊接速度的选择。当其他条件不变时,提高焊接速度,则输入到焊缝的热量减少,在穿透法焊接时,小孔直径减小;如果焊速太高,则不能形成小孔,故不能实现穿透法焊接。但此时若能增大电流或离子气流量,则又能实现稳定的穿透法焊接。

在穿透法焊接过程中,除要选择合适的焊接电流、离子气流量和焊接速度外,还要使这三个参数很好地相互匹配。匹配的一般规律是:当焊接电流一定时,若增加离子气流量,则应相应增加焊接速度;当离子气流量一定时,若增加焊接速度,则应相应增加焊接电流;当焊接速度一定时,若增加离子气流量,则应相应减小焊接电流。

此外,当焊接速度过快时还会引起焊缝两侧咬边和出现气孔,甚至会形成贯穿焊缝的长条形气孔。

e. 喷嘴端面至焊件表面距离的选择。生产实践证明该距离应保持在3~8mm较为合适。如果距离过大,会增加等离子弧的热损失,使熔透能力减小,保护效果也变差;该距离如果太小,则不便操作,喷嘴易被飞溅物堵塞,容易产生双弧现象。

f. 保护气流量的选择。保护气流量应与离子气流量有一个适当的比例。如果保护气流量过大,则会造成气流紊乱,影响等离子弧稳定性和保护效果。穿透法焊接时,保护气流量一般选择15~30L/min。

等离子弧焊的焊接工艺见表4-9。

等离子弧焊的焊接工艺 表4-9

材料	厚度(mm)	电流(A)	电压(V)	焊速(cm/min)	气体成分	坡口形式	气体流量(L/min)		备注
							离子气	保护气	
碳钢	3.2	185	28	30	Ar	I	6.1	28	穿透
低合金钢	4.2	200	29	25	Ar	I	5.7	28	
	6.4	275	33	36			7.1		

续上表

材料	厚度(mm)	电流(A)	电压(V)	焊速(cm/min)	气体成分	坡口形式	气体流量(L/min)		备注
							离子气	保护气	
不锈钢	2.4	115	30	61	Ar95% + H₂5%	I	2.8	17	穿透
	3.2	145	32	76			4.7	17	
	4.8	165	36	41			6.1	21	
	6.4	240	38	36			8.5	24	
钛合金	3.2	185	21	51	Ar	I	3.8	28	
	4.8	175	25	33	Ar		8.5		
	9.9	225	38	25	Ar25% + He75%		15.1		
	12.7	270	36	25	Ar50% + He50%	V	12.7		
	15.1	250	39	18	Ar50% + He50%		14.2		
铜和黄铜	2.4	180	28	25	Ar	I	4.7	28	熔透
	3.2	300	33	25	He		3.8	5	
	6.4	670	46	51	He		2.4	28	
	2.0(Zn30%)	140	25	51	Ar		3.8	28	穿透
	3.2(Zn30%)	200	27	41	Ar		4.7	28	

② 等离子弧切割

(1) 等离子弧切割原理与设备。

等离子弧切割是利用高温高冲力的等离子弧为热源,将被切割金属局部熔化,并立即吹掉;从而形成狭窄切口的切割方法。它是随着割炬向前移动而完成切割过程的。其切割过程不是依靠氧化反应,而是靠熔化来切割材料的,因而它的适用范围比氧-乙炔火焰切割要大得多;切割设备与等离子弧焊接设备大致相同;主要不同之处是切割时所用的电压、电流和离子气流量都比焊接时高,而且全部是离子气,不需要保护气(没有外喷嘴)。

等离子弧切割设备主要由电源、割炬、控制系统、气路系统和水路系统等组成。如果是自动切割,还要有切割小车。

(2) 等离子弧切割工艺。

①离子气种类。由于氮气的携热性好、密度大、价格又低,所以目前国内多采用氮气作离子气(切割气体)。但由于氮气的电离电位较高,切割时引弧性和稳弧性都比较差,故需较高的空载电压才能使等离子弧稳定(一般是150V以上)。

切割大厚度工件时,为提高切割速度和切口质量,一般采用氮加氢混合气作离子气,但此时需要更高的空载电压(350V以上)才能稳定电弧。

②离子气流量。切割时适当增大离子气流量,一方面可提高等离子弧被压缩的程度,使等离子弧能量更集中,冲力增大;另一方面,又可提高切割电压(因气体流量增大时,弧柱气流的电离度降低,电阻增大,电压降也增大);因此,适当增大离子气流量,既可提高切割速

度,又可提高切割质量。但气体流量也不能太大,否则,过大的气体流量会带走大量的热量,反而会降低熔化金属的温度,使切割速度降低,切口宽度增大。

③切割电流和电压。切割电流和电压是等离子弧切割最重要的工艺参数,直接影响切割金属的厚度和切割速度。当切割电流和电压增大时,等离子弧的功率增大,可切割金属的厚度和切割速度也增大。单独增大电流会使弧柱直径增大,导致切口宽度增大;同时电流太大还容易产生双弧现象。因此,对一定直径的喷嘴,电流的增大是受限制的。所以在切割大厚度工件时,最好采用提高切割电压的方法来提高等离子弧的功率。提高切割电压的方法很多,如减小喷嘴直径、增大喷嘴的孔道长度、增大离子气流量和利用氮加氢混合气等。但是当切割电压超过空载电压的65%时,等离子弧的稳定性下降。因此,切割大厚度工件时,为提高切割电压,需采用具有较高空载电压的电源。

④喷嘴直径。每一直径的喷嘴都有一个允许使用的电流极限值,如超过这个极限值,则容易产生双弧现象。因此,当工件厚度增大时,在提高切割电流的同时喷嘴直径也要相应增大(孔道长度也应增大)。切割喷嘴的孔道为一般的1.5~1.8倍。切割厚度与喷嘴直径的关系见表4-10。

⑤切割速度。切割速度的大小既影响生产率,又影响切割质量。切割速度应根据等离子弧功率、工件厚度和材质来确定。在切割功率相同的情况下,由于铝的熔点低,切割速度应快些;钢的熔点较高,切割速度应较慢;铜的导热性好,散热快,故切割速度应更慢些。

在工件厚度、材质和等离子弧功率都不变的情况下,适当提高切割速度,不仅可提高生产率,而且可减小切口宽度和热影响区,对提高切割质量是有好处的。但如果切割速度太快,不仅有可能切不透工件,而且切割边斜度增大,切口底部毛刺增多,如果切割速度太慢,不仅会降低生产率,还会造成切口表面粗糙不平,切口底部毛刺增多,切口宽度和热影响区宽度增大。

⑥喷嘴端面至工件表面的距离。该距离对切割速度、切割电压和切口宽度等有一定影响。随该距离的增大,等离子弧的切割电压提高,功率增大;同时在空间的弧柱长度增大,热量损失增大。这两种作用的综合结果是等离子弧用于熔化金属的有效热能减少,导致切割质量下降。但该距离太小时,既不便于观察,又容易造成喷嘴与工件短路。一般在手工切割时取该距离为8~10mm;自动切割时取6~8mm。

各种金属材料等离子弧切割工艺参数见表4-10。

不同材料等离子弧切割工艺参数　　　　表4-10

材料	厚度 (mm)	喷嘴孔径 (mm)	空载电压 (V)	切割电流 (A)	切割电压 (V)	氮气流量 (L/h)	切割速度 (m/h)
不锈钢	8	3	160	185	120	2100~2300	45~50
	20	3	160	220	120~125	1900~2200	32~40
	30	3	230	280	135~140	2700	35~40
	45	3.5	240	240	145	2500	20~25

续上表

材料	厚度 (mm)	喷嘴孔径 (mm)	空载电压 (V)	切割电流 (A)	切割电压 (V)	氮气流量 (L/h)	切割速度 (m/h)
铝及 铝合金	12 21 34 80	2.8 3.0 3.2 3.5	215 230 340 245	250 300 350 350	125 130 140 150	4400	78 75~80 35 10
紫铜	5 18 38	3.2 3.2	180 252	310 340 304	70 84 106	1420 1660 1570	94 30 11.3
碳钢	50 85	10 7	252	300	100	1230 1050	10 5
铸铁	5 18 35			300 360 370	70 73 100	1450 1510 1500	60 25 8.4

三 焊后处理

焊接过程中,焊件会产生应力与变形。如果应力过大时,会引起焊件裂缝或在使用时发生破裂,如果变形量超过允许值,则要进行矫正,有时因矫正无效而报废。

❶ 焊接变形的基本形式

焊接变形可能是多种多样的,常见的是图4-35中的几种基本形式,或者是几种形式的结合。

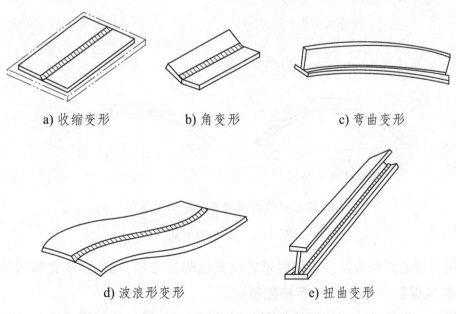

a) 收缩变形   b) 角变形   c) 弯曲变形

d) 波浪形变形   e) 扭曲变形

图4-35 焊接变形的基本形式

(1) 收缩变形。是由焊缝纵向和横向收缩而引起的变形。

(2) 角变形。是由 V 形坡口截面上下不对称,焊后收缩不匀而引起的变形。

(3) 弯曲变形。是由丁字梁焊接时,焊缝布置不对称,焊缝纵向收缩后引起的变形。

(4) 波浪形变形。是由薄板结构在焊接应力的压应力作用下丧失稳定性而引起的变形。

(5) 扭曲变形。是由焊缝在横截面上布置不对称或焊接顺序、方向不合理使焊件产生的变形。

❷ 预防或减少焊接应力与变形的措施

为预防或减少焊接应力与变形,可从焊接结构的设计上或工艺上采取措施。工艺上可以采用下列方法。

(1) 采用合理的焊接顺序和方向。

① 先焊收缩量较大的焊缝,使焊缝能较自由地收缩。当结构有对接焊缝又有角焊缝时,应先焊对接焊缝,后焊角焊缝。

② 具有对称焊缝的构件应使其变形能相互抵消。在 X 形坡口焊接时,可两面同时施焊。

③ 长焊缝(超过 300mm 时)应采用逆向分段法,即把整个长焊缝分成长度 150~200mm 为一段,每一段都朝着与前一方向相反的方向施焊。对很长焊缝,从中央开始逆向分段焊。

④ 板件组合部件焊接时,先焊叉开的短焊缝,后焊直通的长焊缝,使焊缝能自由收缩。

(2) 选择合理的装配焊接顺序。把焊接结构适当地分成部件分别装配焊接,然后再拼焊成整体,使焊缝能较自由收缩而不影响整体结构,既有利于控制焊接变形又能扩大作业面。

(3) 刚性固定法。焊前将焊件固定夹紧,焊后的变形可大大缩小。固定夹紧法较多,可用简单的夹具或支撑;也可用临时点焊固定的方法。

(4) 反变形法。预先将焊件在变形相反方向上安置(或变形),以抵消焊后发生的变形,如图 4-36 所示。

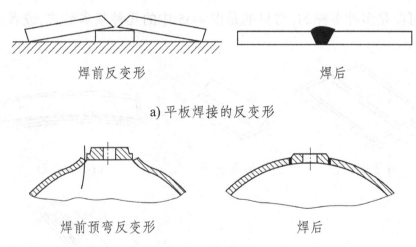

a) 平板焊接的反变形

b) 防止壳体焊接局部塌陷的反变形

图 4-36 反变形实例

(5) 选用合理的焊接方法。选用能量密度高的焊接方法,如用二氧化碳气体保护焊、等离子弧焊代替气焊和手工电弧焊,严格控制变形。

(6) 预热法。焊件预热能使焊件各部分温差减小,并能较均匀缓慢冷却,以减小焊接应力与变形。可以整体预热或局部预热。

(7)锤击焊缝。用头部带小圆弧的工具锤击焊缝,使焊缝得到延展,降低内应力。

③ 焊接变形的矫正

常用的矫正方法有机械矫正法和火焰加热矫正法两种。

(1)机械矫正法。利用机械外力的作用来矫正变形。可采用压力机、矫直机等机械,也可用手锤进行矫正。

(2)火焰加热矫正法。火焰加热矫正法是利用气焊火焰在适当的部位上加热,使焊件冷却收缩时产生与焊接变形反方向的变形,以矫正焊接时所产生的变形。加热温度一般为600~800℃。

④ 消除焊接应力措施

消除焊接应力最有效的办法是进行去应力退火,即将焊件均匀加热到600~650℃,保温一定时间后缓慢冷却。一般可将50%~80%以上的残余内应力消除。

工匠人物

大国工匠陶巍的汽车人生

谁可以因为修车而登上美国《时代周刊》?谁可以和外国政要面对面的"侃车",并在海外有以自己名字命名的节日?

他就是陶巍。从事汽修行业40年,陶巍被誉为"汽车神医",2007年,陶巍作为SAE认证汽车诊断工程领域研究员资深高级工程师。在他的名片上,可以找到上海汽车维修研发中心主任、上海幼狮汽车销售服务公司总经理、中国汽车维修行业协会副会长、国家质检总局汽车缺陷调查与鉴定召回专家等头衔和身份。除此之外,他还致力于为驾车一族维护权益和为国家培养高级汽车维修人才。

大国工匠陶巍辅导年轻汽修技师

陶巍有"汽车神医"的美誉源于他对汽车疑难杂症可以做到"手到病除"的能力。许多在4S店都修不好的名车,都可以在他的整修后恢复如初。一次,陶巍曾修复了当时国内仅有的一辆因故障而沉睡车库多年的"劳斯莱斯车",美国《时代周刊》曾报道了此事。后来,他又把解放初期陈毅担任上海市市长期间的专车——基本报废的凯迪拉克整修一新,因此有了名气,不少领事馆外交官员都慕名找上门来请陶巍修车。1998年6月底,克林顿访问上海,所乘坐的高级防弹车突然无法起动,美国总领事馆找到陶巍,经过一系列检修后总统的座驾又可以安全上路了。从那时起,陶巍声名鹊起,他创办的"幼狮"高级轿车修理厂也成了在沪外国领事馆、外资公司、外商企业和外籍人士和各种从外国带来的高级轿车保养、维修的"定点单位"。

现如今,陶巍的"幼狮"已经为在沪的46个外国领事馆和100多个外国新闻机构提供了检修汽车的服务。因为修车,不少外国官员都和陶巍成为了朋友。在一些外交官员的举荐下,陶巍多次赴外学习、讲课和交流,先后成为了美国麻省理工学院荣誉博士、底特律三角洲学员汽车维修高级教官等,获得了美国国会、加州政府颁发的最高"终身成就奖"等;陶巍访问俄罗斯期间,俄罗斯总领事还特意安排了他与苏联领导人戈尔巴乔夫会面,同聊汽车;在加拿大,陶巍和他的"幼狮"与加拿大北阿尔伯特理工大学共同就汽车维修技术培训等展开交流,埃德蒙顿市还正式宣布2009年8月18日为该市的"陶巍日"。

身处汽修行业多年,陶巍发现维修市场的"李鬼"和4S店的"猫腻"在不断增多,身为"汽修专家"的陶巍决定加入为消费者维权的行列。根据消费者的投诉,陶巍义务上门现场勘查280余次,解决了汽车自燃等案件60余件,为消费者挽回的经济损失达980万元。2014年,陶巍还获得了2013年度"全国消费维权楷模"的荣誉称号。

据权威部门统计,至2015年11月底,我国汽车保有量已达1.04亿辆,成为仅低于美国的世界第二大汽车保有国,中国汽车维修市场蕴藏着巨大商机,但对于国内汽修企业来说,既是机遇也是挑战。

"国外汽修人才都是大学生,有的还是博士。而我国从业者文凭水平都较低,很多都是初中毕业。"陶巍主动肩负起了加快培养高级汽车维修人才的使命。他回顾了自己多年检修汽车的经验,不少高校都将他总结汽车使用和维修理论作为教材让学生学习。他还多次主动参与汽车专业组织的专业讲座,先后有1500多人接受授课培训。

2014年5月,国家级"陶巍技能大师工作室(汽车修理)"批准成立。如今,陶巍还应邀担任了交通运输部机动车检测维修专业技术人员职业水平资格考试专家委员会副主任,全国机动车检测维修专业技术人员职业水平实际操作考官,全国交通运输行业机动车检测维修职业技能竞赛、全国职业院校技能大赛裁判长,上海交通大学、上海工程技术大学等五所高校的兼职教授。

陶巍认为,"工匠精神"的核心不是把工作当做赚钱的工具,而是对所从事的工作精益求精、精雕细琢的精神。"其实,工作就是一种修行,在修炼的道路上,要耐得住寂寞,受得了冷嘲热讽,不断完善自己,把自己变得越来越强大。因为态度决定一切,细节决定成败。"

思考与练习

一、选择题

1. CO_2 保护焊焊机中的(　　)的作用是将焊丝按焊接电压、电流及操作人员动作速度等要求送至焊区。

  A. 焊枪   B. 送丝机构   C. 供气装置

2. CO_2 保护焊焊接质量优劣与电弧长度直接相关,而电弧长度则取决于电弧的(　　)。

  A. 电压   B. 电流   C. 电阻

3. 焊接接缝较长时最好先(　　)一下。

  A. 塞焊   B. 对接焊   C. 暂焊

4. 氧-乙炔焊中的(　　)可以将气瓶输出的高压经调节后输出恒定的低压,因此,也称之为减压器。

  A. 焊炬   B. 调节器   C. 回火防止器

5. 氧-乙炔焊中的（　　）的氧气少于乙炔气的含量。
   A. 中性焰　　　　　B. 碳化焰　　　　　C. 氧化焰

6. 氧-乙炔焊的火焰能率是指单位时间内（　　）的燃烧量。
   A. 氧气　　　　　　B. 乙炔气　　　　　C. 空气

7. 点焊属于（　　）的一种，具有焊接时间短、变形小等许多优点。
   A. 熔焊　　　　　　B. 钎焊　　　　　　C. 压力焊

8. 钎焊分为硬钎焊和软钎焊有两种，其中硬钎焊多指（　　）。
   A. 铜焊　　　　　　B. 锡焊　　　　　　C. 铜焊和锡焊

9. 大电流等离子弧焊时离子气与保护气成分应（　　），否则会影响等离子弧的稳定性。
   A. 相同　　　　　　B. 不相同　　　　　C. A与B均可

10. 等离子弧切割在切割大厚度工件时，为提高切割速度和切口质量，一般采用（　　）作离子气。
    A. 氮气　　　　　　B. 氢气　　　　　　C. 氮加氢混合气

11. 消除焊接应力最有效的办法是进行去应力（　　）。
    A. 退火　　　　　　B. 回火　　　　　　C. 淬火

二、判断题

1. 车身多以薄钢板冲压成型，对薄钢板的焊接又很容易产生焊接应力造成穿孔、变形，使焊接难度增大。（　　）

2. CO_2 保护焊中，电压提高则弧长增加，熔深变浅、焊缝宽平并使飞溅增加。（　　）

3. CO_2 保护焊中，焊丝指向行走方向时称为右向焊接法。（　　）

4. 塞焊的焊点应略高出焊件平面，但过高将给打磨带来困难。（　　）

5. 氧-乙炔焊中，乙炔气瓶瓶身为蓝色且瓶颈较粗，用较薄的钢板焊接而成。（　　）

6. 氧-乙炔焊点火时应先慢慢开启乙炔阀然后再开启氧气阀，点火后可根据使用要求调节氧气和乙炔的比例。（　　）

7. 氧-乙炔焊中焊炬的倾角由焊接件的厚度、熔点、导热性来决定。一般厚度大、熔点高、导热快其倾角也越大。（　　）

8. 氧-乙炔焊焊接前的准备工作主要有做坡口、清洁焊接部位和使焊件定位。（　　）

9. 氧-乙炔焊焊接过程中，在确保焊件不被烧穿的前提下，可以将火焰能率选择得大一些。（　　）

10. 氧-乙炔切割是利用金属在纯乙炔气流中能够剧烈燃烧，同时生成熔渣和大量的热量这一原理而进行的。（　　）

11. 点焊时通电时间长，热量生成多、焊点直径大、熔深也深。因此通电时间越长越好。（　　）

12. 钎焊是指利用一种比母材熔点低的材料作填料，熔化后靠其流动性好和毛细作用渗入母材，使零件连接在一起的方法。（　　）

13. 在等离子弧切割中，当切割电流和电压增大时，等离子弧的功率增大，可切割金属的厚度和切割速度也增大。（　　）

三、简答题

1. 简述 CO_2 保护焊的工作原理。
2. CO_2 保护焊有哪些焊接规范?
3. CO_2 保护焊的焊接方向有几种?各有什么特点?
4. 如何进行氧-乙炔焊火焰的调整?
5. 简述调节氧-乙炔焊火焰能率的方法。
6. 氧-乙炔焊中如何选择焊丝直径?
7. 氧-乙炔焊有哪些焊接缺陷?
8. 点焊的三要素是什么?
9. 简述点焊的操作要领。
10. 钎焊的主要特点是什么?
11. 试述铜焊与锡焊的操作要点。
12. 等离子弧焊的基本方法有哪些?
13. 如何进行等离子弧焊气体的选择?
14. 简述等离子弧焊焊接工艺参数的选择。
15. 简述等离子弧切割原理。
16. 试述用 CO_2 保护焊对车身后围侧板进行局部挖补。
17. 试述用点焊或塞焊更换前车身悬架支承构件。
18. 如何进行车身锈蚀区的修补?
19. 焊接变形的基本形式有哪些?
20. 试述预防或减少焊接应力与变形的措施。

项目五
车身的切割更换与防腐

学习目标

知识目标
1. 正确叙述构件的切割与更换方法；
2. 正确叙述车身构件切割位置的选择方法；
3. 正确叙述车身防腐蚀处理的方法。

能力目标
1. 会切割与更换车身的主要构件；
2. 能做车身构件的防腐蚀处理。

素养目标
1. 树立以客户为中心的服务理念，具备良好的沟通能力和团队协作精神，提供优质的服务体验；
2. 遵守职业道德规范，具备高度的责任心和敬业精神，确保维修工作的质量和安全。

任务一　更换下边梁

任务描述

一辆吉利帝豪轿车需要更换左侧下边梁。

理论学习

一　切割的常用方法

现代汽车上的有些构件不能够整体进行更换。因此，在修理时，必须选择合适的区域，对板件进行切割。切割区域的选择应以保持原构件的强度为准则。

1. 车身构件的形状

对于整体式车身，车门槛板、地板、前后保险杠、行李舱地板、前立柱和中立柱均可以进行切割。整体式车身的结构零件一般采用两种基本的结构形状。一种结构形状为闭式截面形状,常用在车身纵梁、车门槛板、前立柱和中立柱。这种形状也是整体式车身零件最常用的截面形状,其形状和结构特点,可以保证它们有足够的强度。另一种结构形状为开式或平板形状,例如底板、行李舱地板和一些简单的元件。

❷ 切割位置的选择

对于以组焊形式装配起来的车身,构件之间就没有明显的界线特征。而且,连接形式的多样化,也必然会给构件的切割造成一定的困难。

为此,在进行车身构件的切换作业时,一定要按汽车维修手册中规定的方案选定切割位置;或在弄清具体构造的基础上,按以下原则选位。

(1)避重就轻。所谓避重就轻,就是要求切口位置一定要避开构件的强度支撑点,而选择那些不起重要支撑作用的位置切割。同一构件上强度大小的区别在于,有否加强板等结构在起辅助增强作用。

(2)易于修整。构件割换后还需要对接口、焊缝等进行修整,如果按修整工作量的大小选择切口,就可以简化构件更换后的作业。

(3)便于施工。选位应兼顾到切换作业的难易程度,如:需要拆装的关联件的多寡与难易程度,以及是否便于切割和所选切口的大小等。

(4)无应力集中。应力集中会使构件发生意想不到的损坏,切口的选位应避开车身构件的应力集中区。否则,将影响构件的连接强度并诱发应力集中现象的产生。

❸ 车身构件的切割方法

(1)构件的割断。

割断作业所使用的工具应与切割部位相适应。用风动锯切割可以获得整齐的切痕,适于断面尺寸不大的中板类构件,如窗柱、门柱、门槛板等(图5-1);用风动錾配切割錾刀的割断效率高,适于切割薄板类构件,如车身壁板、底板、翼子板等(图5-2);氧-乙炔切割虽然具有切割能力强、切断效率高的优点,但热影响较大且殃及面广,适于对较厚钢板制成件的割断,如:底板横纵梁、车架、骨架等。

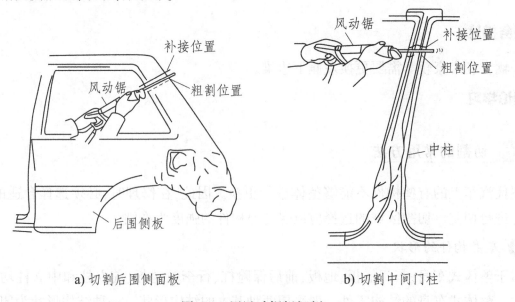

a) 切割后围侧面板　　b) 切割中间门柱

图5-1　用风动锯粗切割

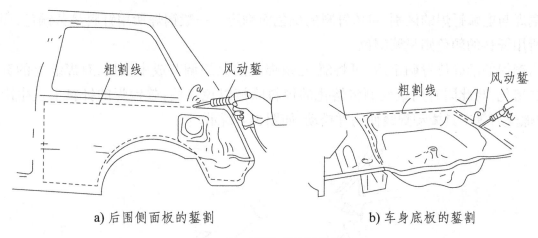

a) 后围侧面板的錾割　　　b) 车身底板的錾割

图 5-2　用风动錾粗切割

(2) 构件焊点的拆解。

对于组焊而成的车身构件的拆解,其关键作业是剥离焊点或焊缝。剥离方法则主要取决于焊接方式及其在车身构件上的分布状况等,如:是焊点还是焊缝、在边缘还是在中间、朝上面还是向下面等。但都以切割、钻削、磨削等方式为主,只不过是具体操作方法不同罢了。

车身构件如果是以点焊方式连接的,由于原子灰和涂料的覆盖作用,使焊点的准确位置不易辨认,剥离焊点的作业也无从下手。对此,可用焊枪沿接缝的边缘加热,待表层涂料被火焰烧焦时,用钢丝刷或气动钢丝磨轮将涂层去掉。加热过程中应严格控制温度,以避免热影响对金属材料及周边构件的损坏;如果仍然找不到焊点时,可将扁錾沿构件的接缝处冲入,隐含的焊点即可显现出来(图5-3a)。

点焊或塞焊的焊点剥离后,可配合使用手锤及惯性锤将构件拆下(图5-3b)。

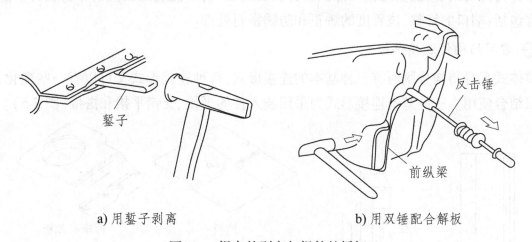

a) 用錾子剥离　　　b) 用双锤配合解板

图 5-3　焊点的剥离与焊件的拆解

(3) 构件铜焊的拆解。

个别车身构件是以铜焊方式连接的,旨在提高外观品质并获得可靠的密封性,如:有些轿车的车身立柱(中柱、窗柱)与顶盖的接合部,就采用了铜焊的连接方式。拆解铜焊构件可应用氧-乙炔焊枪加热的办法,利用铜钎料熔点低的特点加热使之熔化,从而达到对车身构件拆解的目的。但是,这种方法不适于拆解用电弧钎焊连接的构件,因电弧钎焊的熔点比较高,仍用此法加热时,就有可能殃及焊缝下面的其他构件,因此,拆解用电弧钎焊连接的构件用砂轮切割法为宜。

铜焊与电弧钎焊的区别,可依钎料的颜色而判定。一般铜焊所用钎料呈黄铜色;而电弧钎焊所用钎料的颜色则呈紫铜色。

当铜焊的准确位置确定后,可将氧-乙炔焊枪的火焰调节成中性焰,对焊缝上的钎料加热使之熔化,与此同时用钢丝刷将熔化的焊料除掉以免流淌;趁铜焊的钎料未发生冷凝之前,用螺丝刀等工具撬动焊缝使构件松动,如图5-4所示。

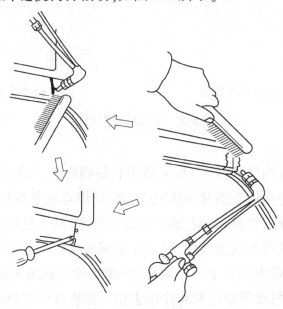

图5-4 铜焊的拆解方式

(4)构件切割后的处理。

车身构件切割后,还要对接口部位进行认真的处理,才能装配新换的车身构件。这些作业内容包括:端口的修整、位置度的矫正和防锈密封处理。

4 常用的构件连接结构

整体式车身结构分割时有三种基本的连接形式,每种连接形式又可以有一些变化,而且也可以结合使用。三种基本连接形式为采用插入件的平接、交错平接和搭接(图5-5)。

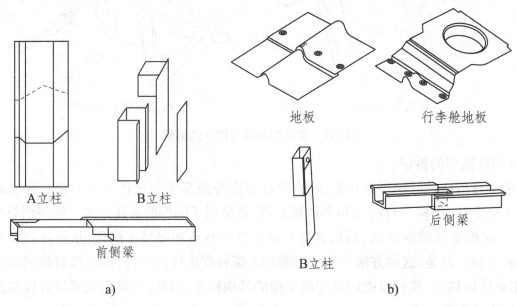

图 5-5

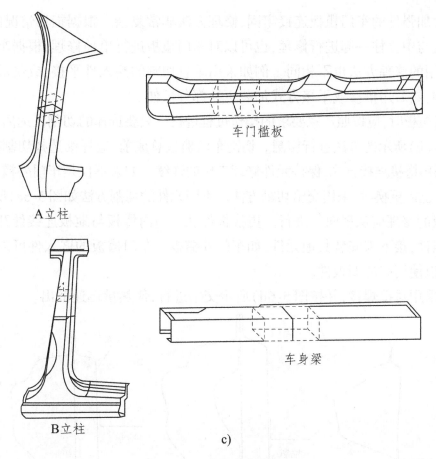

图5-5 车身结构连接形式

二 车身梁与车门槛板的切割与更换

1. 车身梁的切割与更换

汽车上采用的车身梁有两种常见的截面形状：箱形截面（或封闭式截面）和槽形截面。带有凸缘的槽形截面结构与车身的其他元件通过点焊连接，而形成一个封闭的截面结构。修理这种封闭式截面梁应采用插入件平接。

大多数的汽车后部车身梁和一些汽车的前部车身梁常采用带有凸缘的开式槽形结构。一些带凸缘的槽形封闭结构用来把前梁与侧挡泥板垂直连接。在水平位置上也有应用，例如用在汽车底部的后车身梁，后车身梁与行李舱底板点焊在一起，对这种截面结构进行修理时，通常采用搭接方式连接，并在搭接的一端上钻或冲出一些8mm的孔。首先把板件校正并对正，在孔处进行定位焊，然后沿搭接区域的边缘进行连续的搭接焊。

对车身梁进行修理时，一定要记住这些车身梁上肯定设置有防撞挤压缓冲区、孔或加强板。切割时必须避开这些区域。

2. 车门槛板的切割与更换

车门槛板有二件、五件和四件式结构，是汽车上设计最为复杂的结构。这样可以保证生成一个刚性、强度更大的车身和车身架。例如可以采用选用件增加车身的安全性和整体强度，图5-6a)所示为不同形式的车门槛板。

从图中可以看到，有些车门槛板装有加强件，这些加强板可以为整体式，也可以是多根式。这种包含加强件的车门槛板连接牢固,修理方法非常复杂。根据损坏情况的不同,可以选择车门槛板与中立柱一起进行修理,也可以对车门槛板进行单独修理,根据车门槛板结构的不同,所采用的修理方法也不相同。例如采用垂直切割的插入件平接,或仅对车门槛板的外部进行切割,然后用搭接或平接方式加装更换部分板件。

切割车门槛板时,应按照厂家要求的操作过程进行。只要选择的切割区远离车身立柱,就可以采用图5-6b)所示的方法进行切割。切割车门槛板总成前,应仔细选择切割部位,以便分割板件。应采用搭接连接方式,保持元件修理工作的连续。如果不仅是车门外槛板需要更换,而且其他板件也需更换时,采用交错切割方法。不同元件的切割方法如图5-6c)所示。

车门槛板的修理应从里向外进行。更换板件从车门内槛板与地板连接处开始。首先安装内板件加强件,接下来安装其他元件,如车门外槛板。车门槛板的嵌入件可以采用新的板件制作,也可以使用好的旧板件。

焊接时,采用对接焊接,并按图5-6d)所示交错进行,使热量迅速散出。

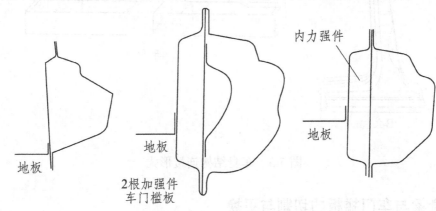

a) 几种常见车门槛板的结构端面

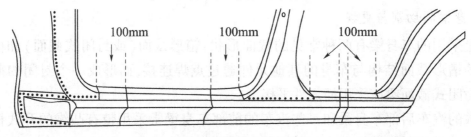

b) 车门槛板的切割部位

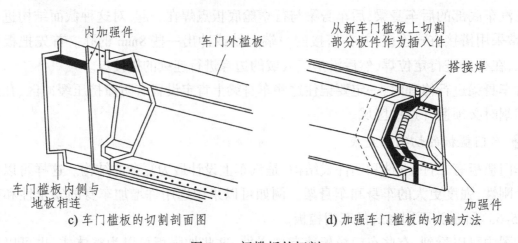

c) 车门槛板的切割剖面图　　　　d) 加强车门槛板的切割方法

图5-6 门槛板的切割

当可利用的旧车门槛板与中立柱连接时或安装可利用的旧翼子板时,通常采用插入件式对接焊接。采用插入件对接焊接时,板件应垂直切割。插入件可以使用修理板件的多余材料制成,也可以从损坏的板件上切割。但插入件的结构形状应与修理板件相符合。在插入件上冲或钻一些8mm的孔,以方便进行塞焊。为了保证连接的质量,塞焊孔应有足够的尺寸而且板件的塞焊应有足够的焊点,并且应焊透,保证焊接的强度。

在封闭式截面的结构中采用插入件焊接时,如前立柱、中立柱、车身梁和车门槛板,完全塞焊后,焊点应焊透并达到插入件,这是十分重要的,关系到焊缝的质量。焊接前,两个连接板件之间应留2~4mm的间隙,以供进行塞焊。

另外,在焊接前,应仔细清除掉两个板件对接面上的毛刺。否则,焊接时,将在这些毛刺处形成焊瘤。

只有在更换车门外槛板或部分更换车门外槛板,并且车门内槛板没有损坏仍可使用时,才采用搭接连接方式。这时,只需对车门外槛板进行切割处理。操作步骤如下:

在前门框处开始切割。进行切割时,应留出足够的板件进行搭接连接,然后测量新的车门外槛板,并留有合适的搭接量,切割新车门外槛板。接下来在新的车门外槛板上钻或冲出一些孔,孔的位置应与原厂板件上的点焊点相重叠,并且围绕中立柱和后立柱的基部的搭接部位也应钻或冲出一些孔。立柱周围的塞焊与凸缘处采用的点焊基本相同。沿中立柱和后立柱基部的搭接边缘,每隔38mm进行一次焊接,焊缝的长度应达到13mm。车门框处的搭接板件采用塞焊,然后采用搭接焊焊合连接缝。

更换车门槛板的操作步骤也可以根据碰撞的实际情况作些调整,方便更换操作。例如,可以在后门框和前立柱处采用重叠切割,或沿两个立柱的基部切割下整个车门外槛板,然后对其进行整体更换只要焊接和连接正确,就可以保证修理的质量和车身板件的整体性。

三 立柱与地板的切割与更换

1 立柱的切割与更换

对前立柱和中立柱进行切割更换时,可以采用插入件平接或交错平接连接方式,一般前立柱有两件结构或三件结构,可以在前立柱的上端或下端增加加强筋,也可以在两端均采用加强筋。但通常不在前立柱的中间部位进行加强。因此,应选择前立柱的中间部位进行切割,如图5-7所示。

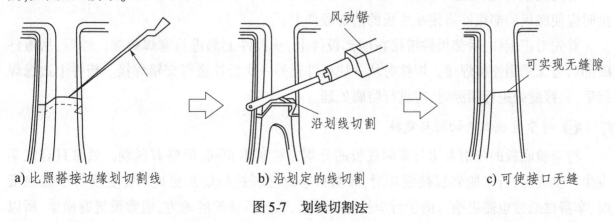

a) 比照搭接边缘划切割线　　b) 沿划定的线切割　　c) 可使接口无缝

图5-7 划线切割法

采用插入件平接连接方式时,操作方法与车门槛板的插入件平接方法相同。首先固定插入件,然后采用连续对缝焊接。采用错位平接时,切割时立柱的内件与外件的切割部位应不相同。切割部位通常可以选在原厂焊点之间,这样可以更加方便地钻出焊点。所有错位切割部位之间的间距不应太近,应不小于100mm。切割完毕后,就可以把更换的板件按要求进行搭接焊接和点焊。

中立柱连接可以采用两种连接方式,即采用插入件对接或采用搭接连接。采用插入件对接比较容易使两个连接板件对正,方便焊接。对于简单结构的板件连接时,由于结构设计时很少采用内部加强件。这样在连接时通过采用插入件式对接方式,增加连接的强度。插入件安装在中立柱的内侧,在现有的立柱内侧上搭接新的内侧板件,然后进行搭接焊。最后沿切割缝采用塞焊,沿立柱采用对接焊(图5-8)。

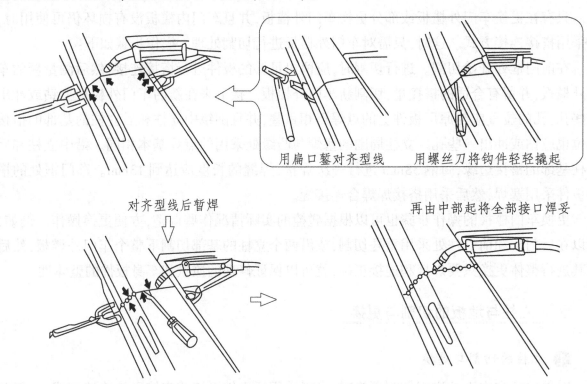

图5-8 对接焊程序

❷ 底板的切割与更换

切割底板时,应注意不要切坏任何加强件。更换部分底板时应采用搭接连接方式。连接时应使底板后部板件搭接在底板的前部板件上。

首先对正板件,后部板件搭接在前部板件上,从板件上部进行塞焊焊接。然后,从板件底部后边缘采用连接焊接。焊接时从一块板件到另一块板件进行交错焊接。板件上边缘焊接后,在接缝处进行喷涂时,应进行防腐处理。

❸ 行李舱底板的切割与更换

行李舱底板的分割方法与车厢底板的分割方法基本相同,但略有区别。通常只有汽车发生严重碰撞,行李舱底板被损坏时,才对行李舱底板进行切割更换。需更换行李舱底板时,车身梁通常也需更换。由于行李舱底板下面、靠近后悬架的地方,通常设置有横梁,所以切割行李舱底板时,应选择后横梁的后缘上面的区域。

选择距离横梁适当的位置切割下已损坏的车身梁。把新的底板搭接在横梁的凸缘后部,从顶面开始进行塞焊。然后像底板封焊焊缝那样,对顶面向前的连接缝进行封焊。如果连接缝位于横梁上,由于横梁提供足够的强度,就不用把上面的板件焊接到下部板件上。但是,如果没有横梁,就必须对底板连接缝进行焊接,并采取防腐蚀措施,然后进行密封。

四 前部车身板件的切割与更换

前部车身板件的切割也比较复杂,需要仔细地进行分割、板件应对正焊接和采取防腐蚀处理,从而保持原车的完整性。

维修时,应首先把前部车身遭撞伤部分拉直就位,测量并记录板件的原始尺寸,然后再采用专用工具切除损坏区域板件。

首先,拆除由螺栓连接的损坏板件和发动机。然后,拉直已损坏的板件,测量原始尺寸并记录下来。拆下不需要修理的板件,拆除左侧梁或右侧梁,有时两根梁均应拆除。拆除时,首先找到点焊的位置,钻除焊点。清除支柱支撑基座旁,将支柱支撑连接到上梁延伸板上的焊点(图5-9)。可以采用焊炬的低温火焰清除焊点。然后,用钢丝刷和刮刀清除点焊部位的密封或堵缝材料、油漆。

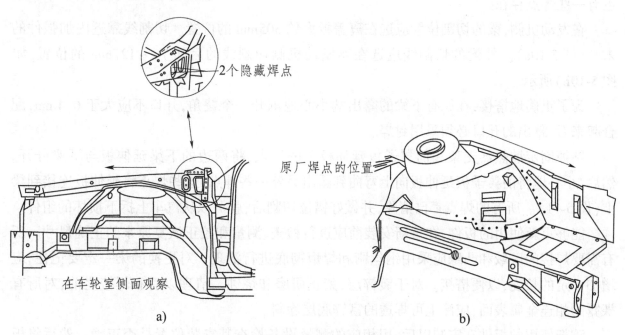

图5-9 发动机左侧梁和防护罩侧面图

有些汽车的点焊点的位置很难找到,除非维修技术人员对汽车的结构非常熟悉,这时就需要仔细参阅厂家的技术手册。

连接时,由于搭接可以方便焊接和防腐蚀处理,所以在梁的每侧均采用搭接连接。两搭接板件的重叠区应在1.6~6.4mm。采用搭接方式,可以允许一定公差的切割量,以适应替换板件。内外梁采用交错的搭接,可以更好地进行配合。具体切割方法如图5-10所示。

在支柱支撑中心的前部切割下梁。按图5-10所示采用交错切割方法切割内部和外部下梁。连接时,应采用搭接方法。切割时,应注意下梁内部的加强件的位置。所有的切割位置应选在加强件的前面。一般厂家的技术资料上均会指出加强件的位置。也可以根据梁侧面和表面是否有焊点,来判断内部是否有加强件。

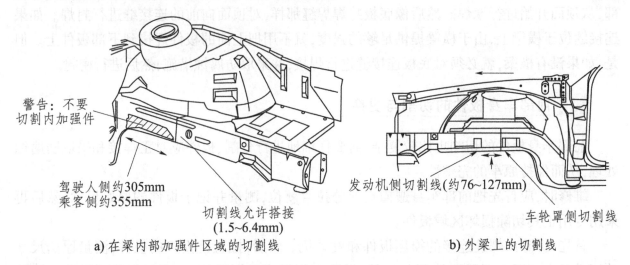

a) 在梁内部加强件区域的切割线　　b) 外梁上的切割线

图 5-10　切割线的位置

在有些汽车上,下梁内侧焊接有一个加强件。所以切割时,应首先拆除该加强件。判断是否有加强件的方法,可以从梁侧的车轮罩处观察是否有加强件的存在。在梁的底面通常也有一些焊点存在。

在发动机侧,梁的切割位置应选在离盖板大约 305mm 的位置。切割线靠近内加强件的末端(图 5-10a)。外梁的切割线应选在离发动机侧切割线的后面 76～127mm 的位置,如图 5-10b)所示。

为了正确地搭接,在原有下梁的露出端小心地割开一个棱角,开口不应大于 6.4mm,配合起来后,露出的开口必须采用封焊。

钻掉固定散热器支架和前翼子板延伸板上的焊点,将两边的下梁延伸板与下梁分开。然后,小心地将前翼子板延伸板向上弯曲到露出另外一些焊点,这些焊点将延伸板连接到梁上(图 5-11)。所有的焊点都已清除,并做好错位切割后,就可以从汽车上拆下损坏的组件。

能够重新使用的板件,在重新安装前应进行检查、测量和校正恢复原来的正确尺寸。所有需要焊接的区域和凸缘应采用钢丝刷和焊炬彻底进行清理。对更换的梁一定要记住,应增加一定的长度,以便搭接。对于镀锌层,禁止研磨和烧蚀。清理以后和焊接之前,对所有裸露的相连金属表面,应涂上可焊透的富锌底层涂料。

重新使用的板件在安装以后,用相应的测量设备检查其安装位置是否正确。然后将板件用螺栓固定就位。经检查所有的尺寸在公差之内以后,可以进行焊接,并采用防腐蚀处理。最后,在对修理板件进行再喷漆前,安装前翼子板、发动机舱盖和保险杠。

五　防腐处理

汽车车身的板件一般是采用轻质金属薄板,因此,腐蚀不仅会影响车身的外观而且会削弱金属板件的强度。

任何裸露的金属表面均会由于空气中的湿气(形成电解液)、盐分和杂质的作用,而发生锈蚀。抑制汽车车身的腐蚀或锈蚀主要有两种方法：一种为镀锌或采用锌涂层；另一种为采用涂料。

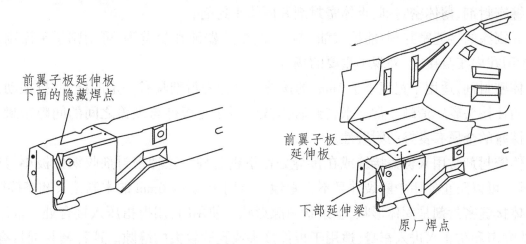

图 5-11　翼子板延伸板下的焊点（从发动机右侧观察）

进行防腐蚀处理时，采用合适的防腐蚀材料是非常重要的。操作时，应严格遵守厂家的技术要求进行，采用相匹配的防腐蚀材料。应记住的是所有进行防腐蚀处理的表面，在采取防腐蚀处理前，必须彻底清洗，清除所有的污物、油脂、灰尘、蜡、磨削残留物和氧化物等。

❶ 防腐蚀材料的使用方法

汽车上目前采用的防腐蚀材料越来越多，防腐蚀性能也越来越好。基本的防腐蚀材料有石油基和蜡基化合物，在彩色涂层干燥后使用。在封闭结构的内表面和车身底部表面使用底层涂料和防腐蚀材料时，必须应用涂料制造商推荐使用的设备。常用的设备为无空气喷枪或压力喷枪。

普通的喷枪和悬浮微粒式喷枪不适合在封闭元件的内部使用，因为不可能把防腐蚀材料直接喷到表面上。这项工作需要特制的喷杆和高压设备，向内表面所有的凹处和连接处送去必需的材料。

进行局部或整车底涂层或防腐蚀处理时，应首先把所有应处理的部位列表，以防把有些部位漏掉。

喷涂防腐蚀材料的基本原则为：喷涂防腐蚀材料时应选用正确的方法。如对座椅部位喷涂时，必须首先拆下座椅安全带收缩器。对车门下部元件进行防腐蚀处理时，仅喷涂底部上方 5~10cm 高的区域，并且应关闭所有车窗。这样可以使活动部件的运动不受防腐蚀材料的妨碍。喷涂防腐蚀材料的温度至少应达到 18℃，保证防腐蚀材料产生最佳效果。

喷涂前，应仔细检查所用工具，调整空气压力，检查材料容器是否完好，喷涂材料是否足够。如果对座椅部位进行喷涂，应把座位覆盖，并降低喷枪压力。为了保证喷涂质量，提供长期的防腐蚀效果，所有的低凹表面均应进行防腐蚀处理。在封闭结构内表面进行喷涂时，应缓慢均匀进行。需要时，可以来回喷涂。防腐蚀材料彻底干燥后（一般需要 1h 干燥时间）所有的排水孔应进行彻底清理，最后，所有的喷枪、喷嘴和软管均应用清洗剂和煤油彻底清洗。

❷ 连接处的密封

车身上的接头和接缝必须进行密封，防止腐蚀。有时板件之间的缝隙也应进行填补密封。密封工作一般在焊接区已经彻底清除并且已经上完底层涂料后进行。用缝隙密封剂密封板件的接缝,防止排放的气体、灰尘和水通过连接处进入车身。常用四种密封剂:可以刷涂的接缝密封剂、薄体密封剂、重体密封剂和固体密封剂。

可以刷涂的接缝密封剂,能抗汽油、制动油、变速器油和盐类等,可用刷子来涂刷,有刷痕,一般用在内车身接缝、外观不重要的场合。

薄体密封剂,适用于宽度小于3mm的接缝。这种密封剂具有一定的挠性,抗振动,能轻微收缩而使接头轮廓清晰。常用来密封轻型皮卡后车身板件与顶盖之间的间隙密封,对底涂层和裸露的金属有良好的附着性。

重体密封剂常用来覆盖接缝或在接缝处留下密封柱。这种密封剂收缩性极小,具有较高的挠性,可以防止使用中断裂并且不宜垂地。可用于宽3~6mm的木制接头和搭接缝。

固体接缝密封剂是固体形状,呈条状填隙形状。使用时,用拇指压入接合处。常用来防风、风的噪声和防止水进入车身,适用于板件接头或孔等较大的缝隙。这种密封剂具有一定的挠性,防潮湿,可以喷漆。

好的密封剂必须能够喷漆,并且能够与裸露的金属和底层涂料有良好的黏附性。在油漆前要使接缝处的密封剂充分干燥,所需的干燥时间取决于密封剂的种类、环境温度、湿度和密封剂的厚度。湿度越大、温度越低,一般所需的干燥时间越长。密封剂还应具有较好的挠性,使它能够随车身元件接缝的弯曲而弯曲,不发生断裂和出现裂缝。

任务实施

车身结构件更换

1 任务实施表(表5-1)

任务实施表　　　　　　　　　　　　　　　表5-1

任务名称	
任务时间	
小组成员	

任务要求:

1)作业要求

在60min内对提供的板件(A、B、C板件)进行电阻点焊、测量、画线、切割、定位、保护焊等操作。

(1) A、B、C板件接合。

① 按照图5-12尺寸,在A板件上测量、划线,确定焊点位置。

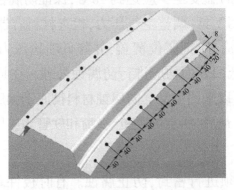

图5-12 确定焊点位置(尺寸单位:mm)

②A、B、C板件定位：使用电阻点焊焊接在一起，每边10个焊点（图5-13）。

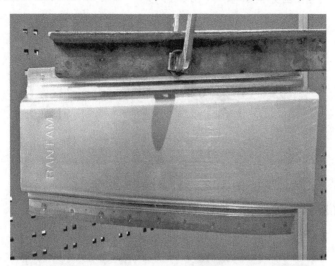

图5-13　A、B、C板件定位

（2）板件钻孔、切割分离（图5-14、图5-15）。

图5-14　板件钻孔　　　　图5-15　板件分离

①根据D板件长度尺寸，割锯切割分离A板件（图5-16）。

图5-16　切割分离A板件

②根据 E 板件长度尺寸,切割分离 B 板件(图 5-17)。

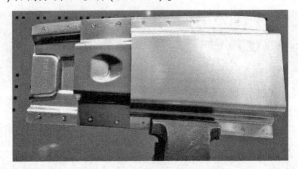

图 5-17 切割分离 B 板件

③E 板件定位、焊接(图 5-18)。

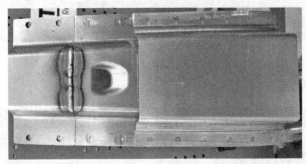

图 5-18 E 板件定位与焊接

把 E 板件安装在 B 板件上,进行对接焊(连续焊)。

注意:两端接口不需要整条焊接,只焊接 B 板件平面部位即可。焊接时要求采取横焊姿势,焊接过程中不可翻转。

④D 板件定位、焊接(图 5-19)。

图 5-19 D 板件定位与焊接

把 D 板件安装在 A 板件上,进行对接焊(连续点焊)和塞孔焊。

注意:焊接时要求采取横焊姿势,焊接过程中不可翻转。

2)操作要点

做好安全防护、设备调整及操作、切割尺寸、定位准确性、焊接缺陷、焊点大小、焊点间距、焊点与边缘距离、焊接质量、5S 等。

3)操作要求

(1)电阻点焊焊接技术要求。

①焊点失圆、外圈不连续、出现熔敷物等缺陷,判定此焊点不合格。

续上表

②焊点直径≥4mm。 (2)气体保护焊焊接技术要求。 ①连续对接焊:焊疤宽度为5~8mm;焊疤高度≤2mm。 ②连续点焊:焊疤宽度为3~6mm;焊疤高度≤2mm。 ③塞孔焊(9mm):焊点直径为10~13mm;焊点高度≤2mm;背面焊疤最小直径≥9mm。 ④塞孔焊(6mm):焊点直径为7~9mm;焊点高度≤2mm	

2 车身结构件更换评分细则(表5-2)

评分细则表　　　　　　　　　　　　　　　　　　　表5-2

	评分项目	扣分情况	扣分	合计
一、划线及电阻点焊操作评分(共9分)				
1	划线及电阻点焊操作时,安全防护用品的使用情况(共2分)	操作时不穿安全鞋,扣0.5分		
		清洁、划线时不戴线手套,扣0.5分		
		电阻点焊时不戴皮手套,扣0.5分		
		电阻点焊时不戴透明面罩,扣0.5分		
2	焊接参数的调整情况(共1分)(超出规定范围不得分)			
3	画线前,要用抹布擦拭板件及试焊片,每件未擦拭扣0.5分,扣完为止(共1分)			
4	板件进行电阻点焊前,先用试焊片进行试焊,未进行试焊,扣2分			
5	电阻点焊未跳焊,每次扣0.5分(共1分,扣完为止)			
6	电阻点焊时故意调低焊接参数进行虚焊,一次扣2分(共2分)			
二、板件分离、拼装操作评分(共8分)				
1	安全防护用品的使用情况(共1分)	板件分离时不戴透明面罩,扣0.5分		
		板件分离时不戴防噪耳罩,扣0.5分		
		钻孔、切割时不戴皮手套,扣0.5分		
2	气动工具使用规范(共3分,扣完为止)			
3	A、B板件分开后底板质量(共3分,扣完为止)			
4	A、B板分离后,锯条断裂,扣1分			
三、板件接合操作评分(共11分)				
1	气体保护焊操作时安全防护用品的使用情况(共1分)	未穿戴焊接防护服,扣0.5分		
		未穿戴护脚,扣0.5分		
		未戴焊接长手套,扣0.5分		
		未戴焊接面罩,扣0.5分		
2	焊接参数的调整情况(共1分)(超出规定范围不得分)	保护焊电流(2~5挡),否则扣0.5分		
		保护焊送丝速度(4~12挡),否则扣0.5分		

续上表

	评分项目	扣分情况	扣分	合计
3	气体保护焊操作过程中,未正确使用焊烟抽排设备,扣2分,共2分			
4	正确清理焊渣,未正确操作扣2分,共2分			
5	塞焊未跳焊,每次扣0.5分(共1分,扣完为止)			
6	连续点焊未跳焊,在板件上注明几段			
7	整个操作过程中,工具、工件等掉落一次扣0.5分,扣完为止(共1分)			
8	操作完成后要把设备、工具放回原处,摆放整齐。(在40min内,一件工具未摆放原处或未摆放整齐扣1分,扣完为止)(共3分)			
四、组合件焊接后质量评分(共72分,扣完为止)				
1	板件对齐	三层板未对齐,一处扣1分,共2分		
2	电阻点焊	焊点不符合技术要求,每个扣2分; 焊点失圆、偏离中心线,每个扣1分		
3	6mm塞焊	塞焊孔未焊接或不符合技术要求,每个扣3分; 焊点有气孔、失圆、高度偏高,出现一次扣1分		
4	9mm塞焊	塞焊孔未焊接或不符合技术要求,每个扣3分; 焊点有气孔、失圆、高度偏高,出现一次扣1分; 焊点背面焊透最小直径小于9mm,每个扣2分		
5	连续焊对接焊	焊疤未跳焊,每次扣5分,共10分; 焊疤不符合技术要求,每处扣4分; 焊疤弯曲,一处扣2分; 焊疤接头不符合要求,每个扣2分		
6	连续点焊对接焊	焊疤未跳焊,每次扣5分,共20分; 焊疤不符合技术要求,每处扣4分; 焊疤弯曲,一处扣2分; 焊疤接头不符合要求,每个扣2分; 焊疤两侧出现阶差,每处扣2分; 焊疤出现气孔,每个扣1分; 焊疤焊接不均匀,每处扣1分		

工匠人物

20岁小伙力压20多个其他国家选手,成世界技能大赛冠军

在10月19日晚的阿布扎比亚斯岛体育场,杨山巍穿上国家队战袍,身披国旗,登上冠军领奖台时,终于体会到了为国争光的荣耀感。他刚刚赢得了第44届世界技能大赛车身修理项目的金牌。

5年前,杨山巍还不敢想瞩目的一刻会发生在自己身上。2012年,他初中毕业,在父亲建议下,他没回四川老家,而是进入上海杨浦职业技术学校汽修专业学习。"学一门技能。"他那时想,毕业后也许进入4S店,成为一名普通工人。

10月19日晚,杨山巍登上领奖台

5年时间成长为世界冠军,背后是艰辛的付出。打磨、焊接、切割、整平,通过一系列娴熟工艺,一块受损的车身板件才能恢复如新。至少需要三五年时间的苦功夫,才能成为一名合格的技师。

"钣金工是手艺活,比如刚上来的敲接,不是随便敲的,你要知道材料的性能、组成,看懂图纸,里面有很多讲究。"杨浦职校汽车专业主任王明辉说,"如果你要做成高手,没十年是不行的。"每天放学后,别的同学都约着出去玩,杨山巍跑到学校与上汽集团合作的实训中心看学长训练,到学校与卡尔拉得公司合作的培训中心蹭课。对专业有兴趣的杨山巍,又足够勤奋好学,很快被老师注意到,顺利入选了学校钣金集训队。

世界技能大赛被誉为"技能界奥林匹克",选手的训练强度不亚于奥运健儿。

杨山巍每天6点起床,晚上10点半休息,除了吃饭,所有时间都待在实训室。整整一年杨山巍几乎没有休假日,过年也只休息了2天。

越接近比赛,强度越大。9月份开始,杨山巍开始进行全仿真模拟测试训练。三天半22小时的完整流程,车身诊断与校正、结构件更换、非结构件更换、板件修理等比赛模块,都综合在一辆完整的比赛用车上进行。这样高强度的训练,他完成了整整四轮。

即使在比赛中,也出现了很多突发情况。试题直到赛前1小时才公布,还没弄清楚就开始上手,这让杨山巍在第一天离预期进度有些落后,好在第三天,稳住心态的他,追回了两个小时。最后半个小时杨山巍已经游刃有余,在比赛将要结束前一分钟,顺利完成所有操作任务。

最终,除杨山巍之外的20多个国家的选手,只有瑞士和英国选手完成了全部试题。杨山巍夺冠成绩比第二名的瑞士选手高了3分,在这个项目里被认为是巨大优势获胜。

思考与练习

一、选择题

1. 车身切割区域的选择应以保持原构件的(　　)为准则。
   A. 强度　　　　　　B. 刚度　　　　　　C. 硬度
2. 整体式车身的结构零件中采用闭式截面形状的是(　　)。
   A. 地板　　　　　　B. 行李舱地板　　　　C. 立柱

3. 用风动錾配切割錾刀的割断效率高,适于切割( )类构件。
   A. 薄板　　　　　　B. 中板　　　　　　C. 厚板
4. 车身底板横纵梁的割断一般采用( )的方法。
   A. 风动锯切割　　　B. 风动錾切割　　　C. 氧-乙炔切割
5. 喷涂防腐蚀材料的温度至少应达到( ),保证防腐蚀材料产生最佳效果。
   A. 15℃　　　　　　B. 16℃　　　　　　C. 18℃

二、判断题

1. 氧-乙炔切割虽然具有切割能力强、切断效率高的优点,但热影响较大且殃及面广,适于对较厚钢板制成件的割断。（　　）
2. 对于组焊而成的车身构件的拆解,其关键作业是切割构件。（　　）
3. 拆解用电弧钎焊连接的构件可应用氧-乙炔焊枪加热的办法。（　　）
4. 铜焊与电弧钎焊的区别,可依钎料的颜色而判定,一般铜焊所用钎料呈黄铜色。（　　）
5. 所有进行防腐蚀处理的表面,在采取防腐蚀处理前,必须彻底清洗,清除所有的污物、油脂、灰尘、蜡、磨削残留物和氧化物等。（　　）

三、简答题

1. 简述切割位置的选择原则。
2. 如何进行构件焊点的拆解?
3. 如何进行车身立柱的切割与更换?
4. 如何进行前部车身板件的切割与更换?
5. 喷涂防腐蚀材料的基本原则是什么?并举例说明。
6. 试述对车身连接处的密封。

项目六
车身附件的维修

学习目标

知识目标
1. 简单叙述车身内外装饰件的拆装方法;
2. 正确描述汽车玻璃拆装的方法和工艺过程;
3. 正确描述汽车车门的调整方法。

能力目标
1. 会正确拆装汽车玻璃;
2. 会正确调整汽车车门。

素养目标
1. 掌握扎实的车辆维修技能和知识,能够迅速准确地诊断和解决故障;
2. 具备持续学习和创新的能力,紧跟汽车技术发展的步伐,不断提升自身技能水平。

任务一 汽车玻璃的拆装

任务描述

一辆吉利帝豪轿车需要更换右前车门玻璃。

理论学习

汽车玻璃以不同方式安装在车身上,一方面用于挡风、遮雨、密闭、采光,并起到了构成车身外形和装饰外观的作用。另一方面得以通过车窗玻璃改善视野,为乘客提供全方位清晰无阻的良好视线条件。

汽车上常有两种车窗玻璃:一种是固定式的玻璃,如前车窗、后车窗以及角窗上的固定玻璃,另一种是车门上安装的可移动玻璃。

1 固定式汽车玻璃的拆装

车身上装配的固定式玻璃,前车窗和后车窗通常采用橡胶密封条、专用的丁基胶带或氨基甲酸乙酯黏合剂固定。

(1) 由密封条固定的车窗玻璃的拆装。

①拆卸方法。用螺丝刀或专用工具撬开玻璃外侧的装饰件固定夹,拆除装饰件和后视镜,然后拆除刮水臂。清除玻璃框与密封条之间的密封剂。用螺丝刀沿车身窗口凸缘撬起橡胶密封条(图6-1),用扁口螺丝刀沿橡胶密封条周围将其与凸缘分开(图6-2a)。如果橡胶条不准备继续使用,可直接用刀具沿玻璃边缘把橡胶密封条割断(图6-2b)。由车内用力推出车窗玻璃,橡胶密封条连同玻璃一起拆下(图6-3),但用力不要太大。最后,彻底清除窗框和密封槽处的原子灰和密封胶。为避免划伤车身或橡胶条,螺丝刀头上可包上一层薄布。

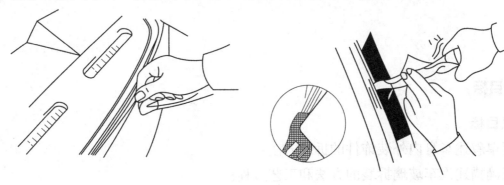

a) 揭下装饰条　　　　b) 沿车身窗口凸缘撬起橡胶密封条

图6-1　拆卸方法

a) 撬起橡胶密封条　　b) 割断橡胶条

图6-2　拆卸橡胶密封条　　　图6-3　从车内推出玻璃

②安装方法。安装时,应先将玻璃的边缘和窗口清理干净,然后按图6-4所示的方法,先将玻璃边缘擦干净,再把橡胶条安装在玻璃上,并沿橡胶条的凸缘槽内埋入预先准备好的尼龙软线。为便于安装应先在橡胶条凸缘槽和车身窗口的边缘上涂抹肥皂水(图6-5a);

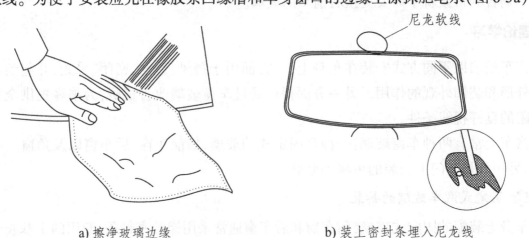

a) 擦净玻璃边缘　　　　b) 装上密封条埋入尼龙线

图6-4　安装前的准备

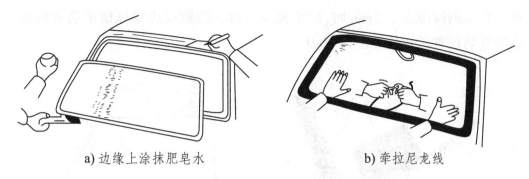

a) 边缘上涂抹肥皂水　　　　b) 牵拉尼龙线

图 6-5　安装玻璃

在车外用手掌压住橡胶条的同时,于车内玻璃下部的中间部位起,牵拉装玻璃用的尼龙线(图6-5b),风窗玻璃随之被安装在车身窗口上。在安装过程中可用手掌从外部轻轻拍打玻璃。为使橡胶条、玻璃、窗口三者之间贴合紧密,橡胶条、玻璃、车身三者之间应加注玻璃密封剂。加注前,沿密封条周围贴上胶带纸,以防止涂胶过程中或密封胶挤出后弄脏玻璃和车身油漆。最后于橡胶条、玻璃、车身三者之间按图 6-6 所示方法加注玻璃密封剂。但图 6-6 中所示的玻璃下边缘 90% 以上的区域内,不宜涂施玻璃密封胶。

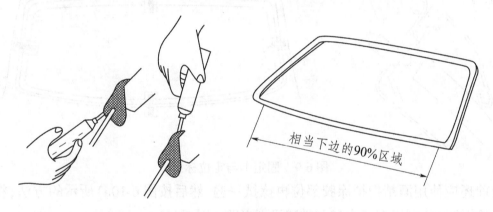

图 6-6　加注玻璃密封剂

(2)由胶粘法固定的车窗玻璃的拆装。

①拆卸方法。拆卸由黏合剂固定的玻璃时,先拆除玻璃嵌条等应拆除的元件。如果车窗玻璃上装有电子除雾器,应断开导线,然后用胶带把导线粘到玻璃内侧。

切割黏结剂时,可以选用的工具有钢丝、电热刀、剃须刀、电动玻璃黏结剂切割刀等。把电热刀或剃须刀塞入黏结剂,拉动刀子,切割黏结剂。刀子应尽可能靠近玻璃的边缘,不要用力过猛,以防损坏玻璃。

采用钢丝进行切割时,如果两个人合作切割,应先把钢丝塞入黏结剂,在钢丝的每端固定一段木棒,然后,沿玻璃的边沿小心拉动钢丝,如图 6-7 所示。整个切割过程中,钢丝应靠近玻璃,并始终张紧。

如果一个人进行切割,可以把钢丝的一端塞入玻璃的上缘,另一端塞入玻璃的下缘,如图 6-8 所示,拉动钢丝进行切割。

取下玻璃后,用刮刀除去围板上残留的黏结剂和旧底层涂料。窗框凸缘上残留的黏结剂应彻底清除。涂底层涂料前,用非油性溶剂彻底清洗玻璃面。

②安装方法。玻璃安装前应检查嵌条的固定卡(图6-9)及连接螺栓是否可靠有效。如

果固定夹与窗框的间隙大于2mm时,应更换或修理。涂胶前应将风窗玻璃放到窗口定位,并做出准确安装位置的定位标记(图6-9)。

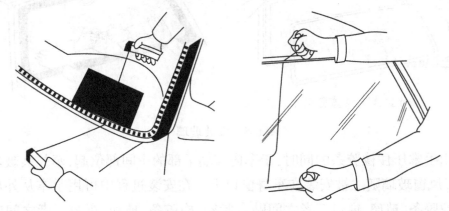

图6-7　两人配合切割黏结剂　　　　图6-8　单人切割黏结剂

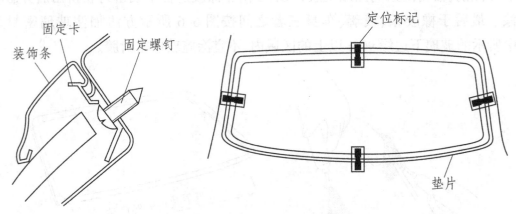

图6-9　固定卡与定位标记

涂胶前还应使用酒精把拟涂胶部位再擦拭一遍,然后按图6-10a)所示的方法,将胶调匀后装入胶枪;然后分别于车身窗口和玻璃两处施胶(图6-10b)。

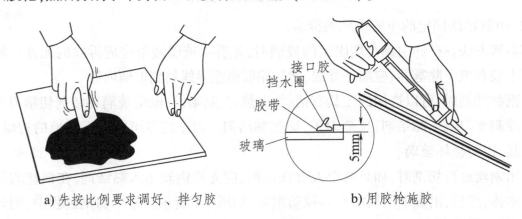

a) 先按比例要求调好、拌匀胶　　　　b) 用胶枪施胶

图6-10　施胶

为了便于形成高3～4mm和宽4～5mm的涂胶轮廓,应使胶枪枪孔直径为5mm;涂胶后的玻璃要按定位标记镶装到车身的窗口(图6-11a),用人工的力量压平、压紧,最后用抹刀刮去溢出的胶黏剂。

经过24h以上,待胶黏剂基本硬化后,再进行水密封性能试验。如有渗漏时,可使用上述胶黏剂或其他玻璃密封胶,按图6-11b)所示的方法进一步加以密封。

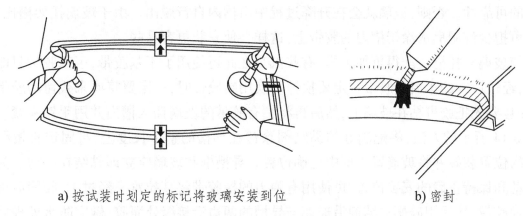

a) 按试装时划定的标记将玻璃安装到位　　　　b) 密封

图 6-11　将玻璃装好并进一步加以密封

2 升降式汽车玻璃的拆装

升降式汽车玻璃主要安装在车门上，升降式玻璃需要与升降器装配在一起，借助升降器才能调整玻璃的开度。玻璃的下边缘通过一定方式固定在升降器上的玻璃槽内，其余各边则与车门上部窗框内的玻璃导槽牢靠地装合在一起。

为了防止玻璃滑动处透风、漏雨，除了在玻璃导槽中镶嵌有一定弹性的密封绒条以限制其前后移动外，在玻璃内外侧还分别装有弹性极佳的橡胶风雨条（图 6-12）。

拆卸升降式车门玻璃的顺序是：先依次拆下和拿下与玻璃相关的部件，如摇柄、门锁拉手、内饰板、玻璃托架和密封条等；将摇窗机降到最低位置后，拆下玻璃托槽固定螺栓（图 6-13a）即可将玻璃按图 6-13b)所示的方法取出。有些汽车的车门玻璃，需要由车门底端进行拆装。

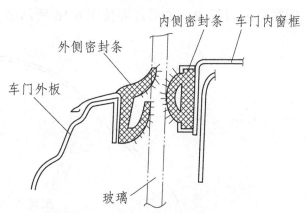

图 6-12　升降式玻璃的密封

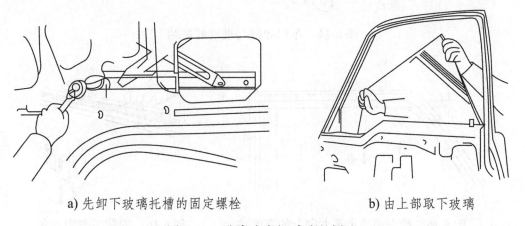

a) 先卸下玻璃托槽的固定螺栓　　　　b) 由上部取下玻璃

图 6-13　升降式车门玻璃的拆法

升降式汽车玻璃与摇窗机的连接方法，主要依赖托架对玻璃的夹持作用。因此，一方面应保证托架槽的直线度误差要小；另一方面要保证其对玻璃有足够的夹紧力，安装时应注意检查它的可靠性。否则,玻璃就会在升降过程中由槽内自行脱出。由于玻璃托架槽比较紧,安装时可把少许肥皂水涂于槽内的胶带上,这样会使安装更容易些。

为使玻璃与托槽装配得更加可靠,有些汽车在此还使用了丁基胶带,丁基胶带只能一次性使用,经过拆卸的车窗其胶带一定要换掉。换用新胶带时,一定要将原来残留的胶带清除干净,并且要先把胶带粘在玻璃上,然后再将粘有胶带的玻璃插入槽内并用手钳夹紧。也有使用图6-14所示的方法,将配制好的黏结剂涂覆在导槽的整个长度上,将固定夹按图6-14中所示的位置装好并将玻璃置于框中正确位置。导槽框和玻璃应立即黏结在一起。为防止玻璃松动和保持正确的安装位置,可使用有弹力的橡胶带将其拉紧。经过1h凝固后可去掉紧固用橡胶带,然后用硅酮黏结剂沿玻璃与导槽的两边沿接缝处灌胶,做完防水处理后即可将玻璃重新装回到车门中。

安装玻璃的顺序与拆卸相反,安装过程中还应按图6-15所规定的要求,检查两端水平方向上的高度是否合乎标准,否则应通过调整托槽的安装高度或上下平衡臂及其他相关装配螺钉加以解决。最后还要按图6-16所示的方法将密封条装卡牢靠。

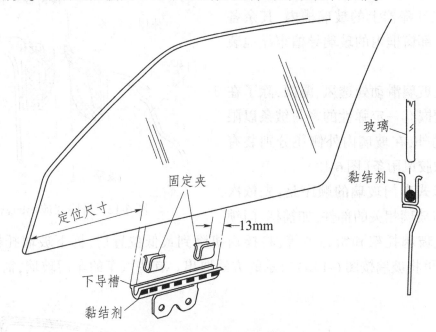

图6-14 车门导槽与玻璃的黏结

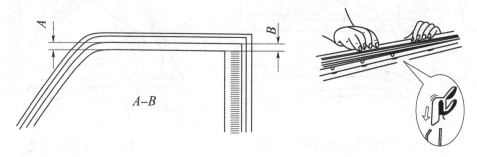

图6-15 检车两端水平方向上的高度差　　图6-16 安装玻璃密封条

知识拓展

推拉式玻璃主要用于汽车车身的侧窗,有代表性的结构形式可分为有内框式和无内框式两种。

(1) 有内框式。所谓内框是指镶装在玻璃四周(与其成为一体)并同玻璃一起滑动的边框。由于城市客车、长途客车和旅游客车等的侧窗尺寸往往较大,为保证安全性、可靠性、密封性、推拉力、振动与噪声指标等,都需要有针对性地采取一些对策。在玻璃四周加装内边框和在滑动部分放置塑料减摩滑块,可以比较好地解决前面提到的那些问题。如图 6-20a)所示,玻璃用橡胶嵌条固定在内框上。在其与外框接触的滑动部位,装有摩擦阻力小的塑料滑块和减振弹片,使玻璃推动自如并降低了振动噪声。起导轨作用的外框通过橡胶垫块、弹性夹片、密封胶带和胶黏剂等固定在车身上。

(2) 无内框式。无内框式推拉玻璃以噪声低、密封好、结构简单而被广泛采用。图 6-17b)、c)列出了两种常见的装配形式。

由图可以看出,镶装在外框槽内的橡胶件,起着玻璃导槽和密封、减振的多重作用。两种结构的主要区别在于外框与车身的连接方式不同,其中密封件式可比夹片式承受的载荷大一些。图中 6-17b) 中外框与车身连接处使用的是双面不干胶丁基胶带,它的密封与固定作用比一般橡胶密封条可靠得多。

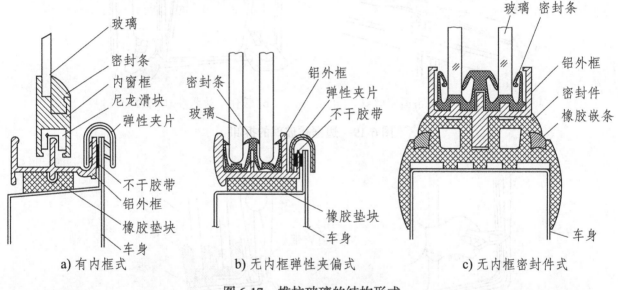

图 6-17 推拉玻璃的结构形式

有内框式玻璃的拆卸方法如图 6-18 所示。先拆下窗框夹(图 6-18a),然后用螺丝刀铲去窗框与车身间的胶黏剂并使之松动(图 6-18b)。找出外框与车身间的固定螺钉并用螺丝刀拆下(图 6-19a),把外边框连同玻璃一起拿下后,将下边框固定并向上抬内框(图 6-19b),玻璃就可随内框一起与外框分离开来。对于分体式内框,可进一步将其解体;对于整体式内框,可直接用螺丝刀将密封条拔出、拆下。

安装时则与拆卸的顺序相反。玻璃与内框安装前,应在密封胶条上涂少许肥皂水,内框与玻璃装合后还要沿周边注入玻璃密封胶。外框和车身窗口部分,均应在清理干净的基础上,涂覆胶黏剂或使用前面所述的丁基胶带加以胶黏和密封。

直接推拉式玻璃的拆卸方法,可参考图 6-20 所示的装配结构,先拆下窗框装饰夹,用螺丝刀去除胶黏剂(注意:不要将窗框或车身凸缘弄弯),卸下固定螺钉即可将窗框连同玻璃一起拿下。将边框向外拉开一些,玻璃就可以从导槽中取出。

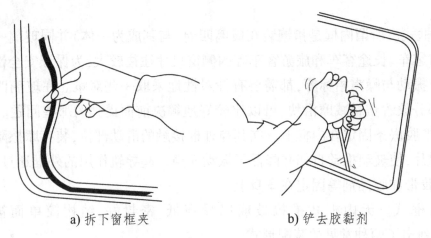

a) 拆下窗框夹　　　　　　　b) 铲去胶黏剂

图 6-18　边框式车窗的拆卸

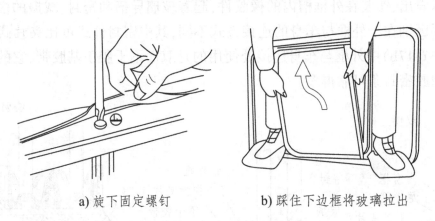

a) 旋下固定螺钉　　　　　　b) 踩住下边框将玻璃拉出

图 6-19　边框式玻璃的拆卸

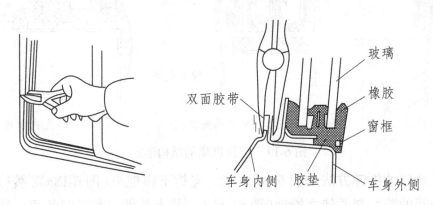

图 6-20　直接推拉式玻璃的拆卸

按与此相反的顺序操作,即可将拆下的玻璃装回。关键是要处理好窗框与车身两者之间的密封,仍按前述方法涂胶或换用新的丁基胶带。窗框装合并确认位置准确无误后,按图示的方法夹紧。

任务二　车门调整

任务描述

一辆吉利帝豪轿车右前车门下沉需要调整。

理论学习

汽车上的车门应经常进行调整维护。车门调整前首先应选定合适的基准。车门的调整应从后车门开始,因为车身后翼板是不可调整的,后门调整好后,就可以对应着后门进行前门的调整使前门与前翼子板配合有效。

旋转式车门(图6-21)是轿车、货车上使用的最为常见的一种车门类型。车门由外蒙皮和内板咬合并点焊组成,车门用铰链连接到车身上,即前后门均通过铰链与车门的前立柱和中立柱相连,通过铰链,车门可以做上下、前后、内外移动。调整车门的目的,就是使车门与车门框紧密配合对中。调整车门的基本原则是车门与车身门框正确配合。许多汽车制造厂在设计时都留有充足的调整余量。使用专用工具可以拆装车门铰链,铰链和车门均能上下、前后、内外移动。调整车门之前,应注意检查车门相对于车身门框的相对位置,检查车门外板与车身周围构件的间隙。对其关闭情况、门手柄的动态及前后松动等不良情形进行检查。检查时,把门关上,检查门前后的间隙是否相等,门与车身线是否平行,从车门的侧面观察门是否有凹凸的现象等。如果车门装配位置不当时,调整前应使用木块或液压千斤顶将车门托起,然后再松动车门铰链进行方向的调整。完成调整后应将固定车门及铰链的螺栓紧固后,方可将木块或千斤顶取下并检查所做的调整是否达到了要求。如果车门的铰链磨损过度,应先修理或更换车门铰链后再进行调整作业。

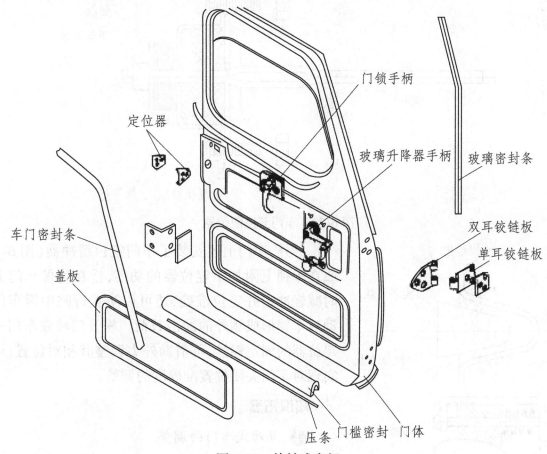

图6-21 旋转式车门

发现有不良情况,可依下列方法调整车门。

(1)整片门上下调整时:旋松在车身侧的铰链螺丝,降低(提高)铰链的装设位置。

(2)门的后端翘高(下降)时:旋松车身侧的铰链螺丝,将上铰链移向后方(前面),下面的铰链移向前方(后方),或者增减车身与铰链间的垫片厚度。

(3)门的前后调整时:旋松车身侧的铰链螺丝,将铰链移向前方(后方),或者增减车身与铰链间的垫片厚度。车门前后调节时,一次只能对一个铰链调整,这样,车门的调整比较容易控制。

(4)整片门内外调整时:旋松车门侧的铰链螺丝,将铰链向内侧(外侧)移动。

(5)门的上部(下部)凸出时:旋松车门侧的铰链螺丝,上面的铰链移向内侧(外侧),下面的铰链移向外侧(内侧)。

车门经过调整之后,不能恢复原状时,可能是合页轴磨损,或门变形,此时必须修理或更换。

为了限制车门铰链因开启角度过大造成与车身发生干涉,固定车门铰链的门框上,还装有用以限制车门开启角度的限位器(图6-22)。它的一端用销钉与车身连接,另一端嵌入车门体与之固定。当车门开启至半开位置时限位器便开始起作用。当车门的角度进一步开大时,由于限位器弹簧压缩而产生了阻尼作用,不仅可以有效地抵抗车门开启时的力,还能使车门在半开至全开行程中任一位置上停留。

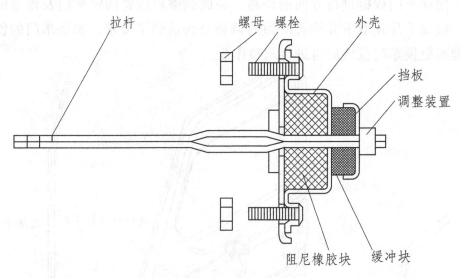

图6-22 车门开度限位器

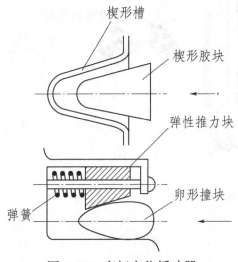

图6-23 车门定位缓冲器

另外,车门上还安装了车门定位缓冲器(图6-23)或在车锁上附加了定位器的功能,旨在确保车门关闭时减轻冲击并定位准确,还可以防止行驶中因车门振动对车锁形成额外的冲击载荷。松开门柱或车门一侧定位器的固定螺栓,可借助外力调整其相对位置,可以实现对车门关闭位置准确度的调整。

知识拓展

1 滑动式车门的调整

滑动(推拉)式车门的开启方式与直开式车门完全不同,而且仅仅适用于客车和部分厢式货车。典型的推拉式车门构造如图6-24所示,主要由车门内外板、限位器、滑轨及门锁等零件组成。曲形滑轨决定了车门开关的运动轨迹,如果将车门推开时,可使门体滑向车身后部的外侧,不占据车身蒙皮以内的任何位置,而且几乎不侵占车外通道,是承载式旅行客车的优选方案。

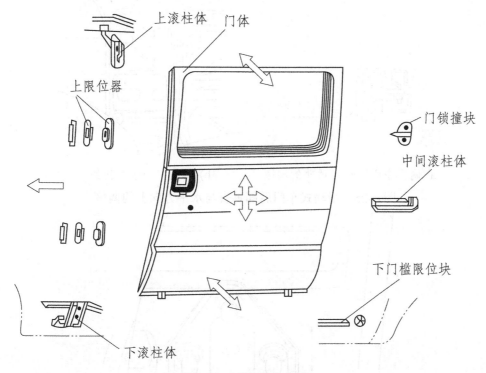

图6-24 滑动式车门

滑动车门的支承与滑动,主要依靠安装在车门上、中、下的3个滑轨及与之配合的滚柱。滑动车门出现松旷、发卡等故障时,均需要通过调整滚柱与滑轨之间的配合予以排除。滑动式车门在使用过程中磨损、变形或安装调整不当,不仅会使关闭位置发生很大误差,而且还会造成滑动部件间的相互干涉,使之不能在开启或关闭过程中滑动自如。对滑动式车门的调整,主要依赖改变上、中、下滚柱以及定位器、门闩的装配位置来实现。

(1)车门后部垂直、水平的调整。对照图6-25a)所提示的方法,在车门关闭状态下,调整中心滚柱在滑轨中的端隙以及向上或向下调整托架使中心滚柱与轨道平行;由此即可实现车门后部垂直、水平方向上的调整。其中,调整数据应以原厂说明书中规定的为准。无明确规定时,这里推荐中心滚柱上端面与轨道的端隙为0~2mm,可供调整时参考。对于不能通过调整加以解决的部位,可以用增减垫片来实现相对位置的调整。

(2)车门前后位置的调整。车门处于关闭状态时检查,如果相对车身的位置靠前或靠后,可对照图6-25b)沿箭头向前或向后移动中心滚柱托架,即可实现车门纵向位置的调整。注意:调整后应确保中心滚柱工作面与滑轨工作面平行。

(3)车门前部垂直的调整。车门前部垂直度的调整比较简单,如图6-26所示,旋松车门下滚柱支架的固定螺栓,改变其与车门垂直的位置,即可实现车门前部垂直度的调整。必要时也可通过装配垫片来实现相对位置的调整。

(4)车门前部水平位置的调整。调整车门前部的水平位置,需结合上滚柱托架和下滚柱支架的调整一并进行(图6-27a)。调整目标是,使上滚柱与滑轨槽之间的各部装配间隙,在车门开闭的全行程中,始终能保持在图6-27b)所规定的状态。这里,推荐 $A = 3 \sim 4mm$、$B = 5 \sim 6mm$。

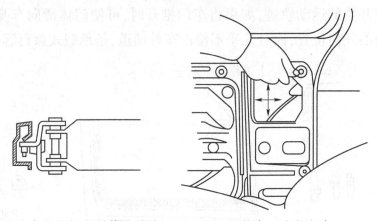

a) 调整中心滚柱与滑轨的端隙　　　　b) 调整中心滚柱托架

图6-25　滑动式车门后部垂直与水平方向上的调整

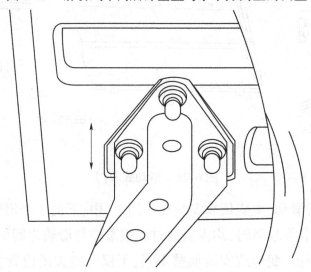

图6-26　滑动式车门前部垂直方向调整

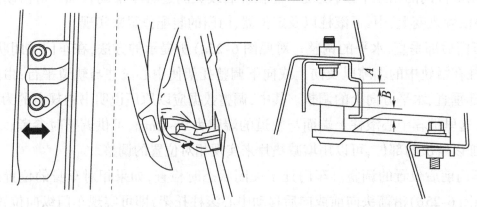

a) 调整上、下滚柱托架(左：上滚柱托架；　　b) 上滚柱与滑槽的配合要求
右：下滚柱托架)

图6-27　滑动式车门前部水平位置的调整

调整只能解决因正常磨损或装配不当带来的松旷、滑动不畅等问题,而且可调整的范围也十分有限。如有严重损伤或变形应更换。

❷ 上掀式车门的调整

上掀式车门的调整部位是铰链和门闩。按图6-28所示的方案,对照图6-29a)分别旋松两个铰链及铰链座上的固定螺栓,可以沿前、后方向或左、右方向调整车门;对照图6-29b)、c)所示的方案,旋松门闩固定螺栓并沿箭头所指的方向移动,可以改变后车门关闭状态时的位置;车门限位器的调整,则可按图6-30所推荐的方案进行。

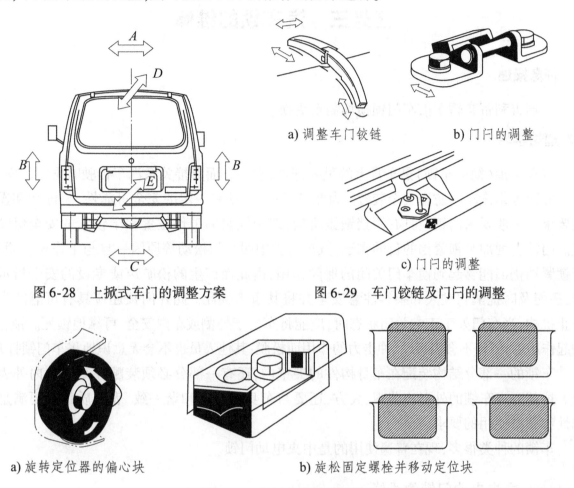

图6-28 上掀式车门的调整方案　　图6-29 车门铰链及门闩的调整

a) 旋转定位器的偏心块　　b) 旋松固定螺栓并移动定位块

图6-30 车门定位器的调整

上掀式车门的气杆簧可按图6-31a)所示的方法拆装。更换时可直接在图6-31b)所示的部位钻2~3mm的小孔,待压缩气体排放后再拆解。但是,由于气杆簧的气缸内灌注了高压气体,故钻孔拆解时应特别注意碎屑片飞出伤人。

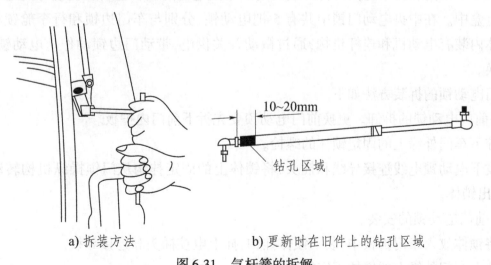

a) 拆装方法　　b) 更新时在旧件上的钻孔区域

图6-31 气杆簧的拆解

同理,将发动机舱盖或行李舱盖的铰链固定螺栓松开并做少许移动,也可使其相对于车身的位置和缝隙得到调整。当需要作较小调整时,也可通过移动锁闩的位置来实现。

任务三　汽车锁的维修

任务描述

一辆吉利帝豪轿车前车门锁损坏需要更换。

理论学习

汽车用锁(简称车锁)是车身上的重要部件,它一方面直接关系汽车行驶时乘客的安全,另一方面也是汽车的防盗安全装置。为此,对汽车用锁有一定的安全可靠性、装饰性和操作性要求。一般要求门锁应具有两挡锁紧机构,即全锁紧的工作位置和半锁紧的安全保险位置。门锁上增加半锁紧挡的目的在于,汽车行驶中因车门松动等原因一旦与工作位置脱开,半锁紧挡仍旧能够起到使车门关闭的保险作用,由此而产生的松旷声或专设的安全指示信号,还能及时提醒驾驶人和乘客注意安全并将其重新锁闭。此外门锁还应具有可靠的安全锁止机构,当车门处于正常关闭状态时,应能将车门于外侧或车内安全、可靠地锁死。锁止机构起作用后,门锁不会因振动、冲击力的作用而松脱;其他人员也不会无意识地将车门锁打开。

车锁的一部分结构装配在车身构件的夹壁内,还有一部分必须装配在车身的内外表面上。这就要求车锁的外形应美观、大方,还要与车身的造型和谐一致,表面质量也要满足装饰性和频繁使用的要求。

车锁的种类很多,现在普遍使用的是中央电动门锁。

一　中央电动门锁的维修

中央电动门锁也称集控门锁。当驾驶人关闭点火开关,取下车门钥匙,下车后,按下按钮关闭车门,全部车门都被锁上。中央电动门锁是通过中央电动连锁机构用车门钥匙从左前门操纵 4 个车门和行李舱同时打开或关闭。中央电动门锁和电动后视镜等的继电器装在中央配电盒中。在中央电动门锁中共有 5 把电动锁,分别与车门边锁和行李舱锁相连。电动锁锁体内装有电动机和连杆机构,通过微动开关供电,带动门边锁动作。电动锁不灵了,就应更换。

前门电动锁的拆装方法如下。

(1)前门电动锁的拆卸。更换前门电动锁要先拆下前门内护板。

①拧下车门外缘上的固定锁体的螺栓。

②拔下电动锁电线连接导线和插头,将锁体上的固定挂钩从门锁操纵机构转动臂上摘下来,取出锁体。

(2)前门电动锁的安装。

①将锁体放入车门护板中,装上锁体挂钩,插上电控插头和连接导线。

②装上车门外缘上的锁体固定螺钉,拧紧。

③安装车门内护板。

更换中央电动门锁要注意：更换中央门锁，在关闭车门前要试一下开关，看中央门锁的动作是否灵活，否则，可能发生关不上、打不开的故障。

二 门边锁的更换

门边锁装在 4 个车门的门边，是一套机械锁，由中央电动门锁装置和车门把手控制开启和关闭。图 6-32 所示为 PASSAT B5 的门锁及把手。

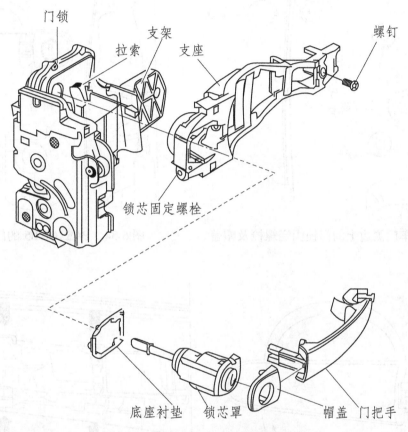

图 6-32　PASSAT B5 的门锁及把手

门边锁的拆卸方法如下。

(1) 拆卸锁芯外罩。

①拔出帽盖 4 (图 6-33)。

②拉开门把手 1，并且将其保持在开的位置，旋出螺钉 3 (图 6-34)，锁芯外罩便松动了。可从门把手的支座卡箍中被取出。在安装时锁应对准图 6-37 中 3 的位置。

(2) 门把手的拆卸。

①从门把手中将卡簧取出 (图 6-35)。

②将门把手从门中转出。

(3) 内手柄的拆卸。

①拆卸前门内饰板。如图 6-36 所示，将十字槽螺钉 1 旋出。

②断开用于窗升降器的开关 2。

③松开门内手柄从门衬板中取出。

(4)门锁的拆卸。门窗升降装置、门锁和扬声器都固定在一个组合架上。门锁只能和组合架连在一起拆卸。只有在窗玻璃升降器保持块松开时整个组合架才能卸下来。为此要将门窗玻璃下降到组合架安装孔的高度。

拆卸所有车辆门锁之前应先拆下门内饰板。

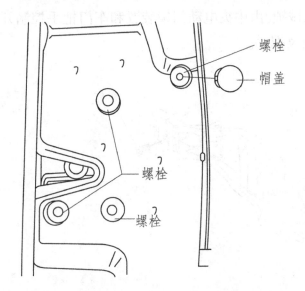

图 6-33 车门侧边上的门锁固定螺栓及帽盖

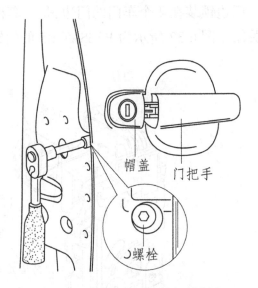

图 6-34 PASSAT B5 的门锁拆卸

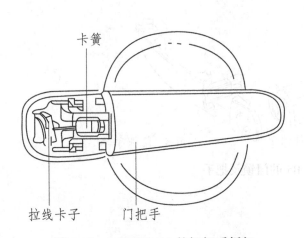

图 6-35 PASSAT B5 的门把手拆卸

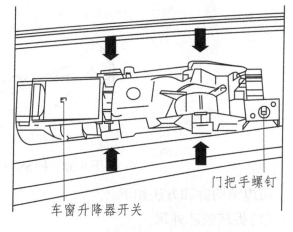

图 6-36 PASSAT B5 的内门把手拆卸

门边锁的安装与拆卸方向相反。

更换门边锁要注意：更换门边锁一定要用原车的门边锁，安装时，要检查门锁是否好用。门边锁在门边槽中要定位，装紧装牢，关闭车门前要先检查控制机构，使开启和关闭动作能活动自如。

知识拓展

行李舱盖锁的更换方法如下。

行李舱盖锁孔在水平位置时由中央门锁联动装置锁住和打开。行李舱盖锁还可用主钥匙单独开启和锁住。行李舱盖锁损坏时，应换用新件。

(1)行李舱盖锁的拆卸。

①开启行李舱,拆下固定行李舱盖内护板的螺钉。

②用螺丝刀撬下内护板,暴露行李舱盖锁操纵机构,放下内护板。

③拆下行李舱盖锁上的固定螺母。

④分别转动左、右侧操纵机构的固定夹,并拨下挂钩。

⑤拆下行李舱盖锁。

(2)行李舱锁的安装。取一把新锁,用钥匙检查动作正常。

①将行李舱盖锁装入行李舱盖锁孔中,拧上固定螺母。

②分别装回左、右侧操纵机构的挂钩并装上固定夹。

③将内护板在行李舱盖上定位,装上固定螺钉,并拧紧这个螺钉。

④按动行李舱盖锁,检查行李舱盖锁的动作应正常。

⑤关闭行李舱盖。更换行李舱盖锁应注意:更换行李舱盖锁与更换门边锁一样,要选用原车锁,装好后先检查锁上联动机构是否工作正常。

任务四　内外装饰件的维修

任务描述

一辆轿车车门内饰件需更换。

理论学习

轿车内外装饰的好坏和美观反映了汽车的档次,越是高级汽车越注重装饰,因此,汽车的内外装饰和维修在汽车维修中,特别是高级豪华汽车中占有重要的地位。这里我们主要讲轿车的内部装饰和外部装饰的更换。

一　轿车内部装饰的更换

拆卸车身内饰板等部件时,应注意其固定方式、方法及所用固定件,先将固定件拆除,再使用薄片式非金属撬板分离。

1　车顶衬里的拆装

如图6-37所示为轿车车顶衬里的拆装。拆卸时,拆下内后视镜及装饰板,拆下可摆动遮阳板。拧下十字槽螺钉6,将遮阳板支架7沿逆时针方向旋转90°并拆下遮阳板支架7。从"B柱"12和"C柱"15上拆下安全带连接环。撬开塑料帽1,拧下十字槽螺钉2,取下垫圈,撬开护盖3。拧出十字槽螺钉4,拿掉拉手5,将"B柱"和车顶衬里19处的车门密封条扯开。旋下十字槽螺钉8、取下卡箍9,从"A柱"11上拆下"A柱"装饰板10。拧下十字槽螺钉13,从"B柱"12上取下"B柱"装饰板14,拆下卡箍18。从"C柱"15上拉下"C柱"装饰板16(卡箍18固定),拆下后端装饰条17。放倒前座椅靠背,拆下卡箍18,将车顶衬里19拽下,然后从副驾驶车门侧取出。安装顺序与拆卸相反。

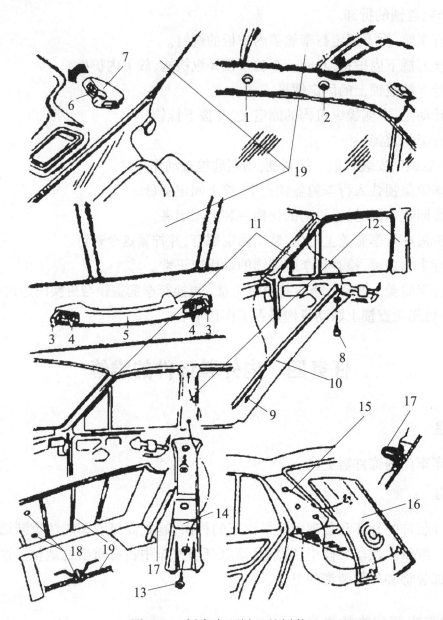

图 6-37 轿车车顶衬里的拆装

1-塑料帽;2-十字槽螺钉;3-护盖;4-十字槽螺钉;5-拉手;6-十字槽螺钉;7-遮阳板支架;8-十字槽螺钉;9-卡箍;10-"A柱"装饰板;11-"A柱";12-"B柱";13-十字槽螺钉;14-"B柱"装饰板;15-"C柱";16-"C柱"装饰板;17-后端装饰条;18-卡箍;19-车顶衬里

❷ 侧围装饰板的拆卸

如图 6-38 所示为轿车侧围装饰板的拆卸。先将侧围装饰板区域的车门密封条拉开,旋下螺钉,依次取下卡箍,将侧围装饰板向上拉出。

❸ 车门内装饰板的更换

如图 6-39 所示为轿车车门内装饰板的更换。拆卸时,拆下锁止钮1、管座2,拆下把手装饰罩10后,旋下螺钉11,再拆车门把手4。拆下车窗摇柄罩12,旋下螺钉13,取出车窗摇柄5。旋下两侧的固定螺钉6,拉下车门缝密封条,从定位片9上取下车门内装饰板7。旋下4个自攻螺钉14,从车门内装饰板7上取下车门储物架8。安装时要清除螺钉13上的油脂,涂上塑料黏结剂。

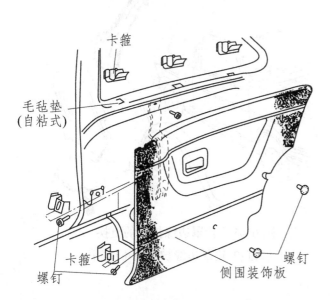

图6-38 轿车侧围装饰板的拆卸

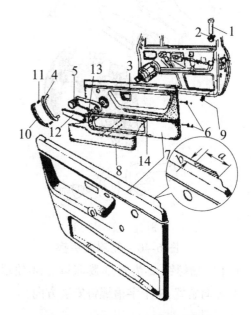

图6-39 轿车车门内饰板更换
1-锁止钮;2-管座;3-拉手座;4-车门把手;5-车窗摇柄;6-固定螺钉;7-车门内装饰板;8-车门储物架;9-定位片;10-把手装饰罩;11-螺钉;12-车窗摇柄罩;13-螺钉;14-自攻螺钉

二 轿车外部装饰的更换

1 轮罩及轮罩边缘护板的维修

(1)轮罩的更换。如图6-40所示为轮罩的更换,先旋下车轮螺栓,拆下车轮,并按箭头B方向,拆下十字槽螺钉1及密封垫2,然后从导向装置A上拉出轮罩4。安装时用相反顺序,车轮螺栓拧紧力矩为90N·m。

(2)轮罩边缘护板的更换。如图6-41所示,拆卸时先拆下轮罩,切掉铆钉头1,如箭头所示,向内推销钉1杆,将其撬出。然后拆下轮罩边缘护板2,将铆钉1残块从轮罩中清除掉。安装时,从中间开始,用铆钉1铆紧轮罩边缘护板2。

2 车顶装饰条与侧围防护条的更换

(1)车顶装饰条的更换。

车顶装饰条的拆卸和安装需使用专用工具和掀开车顶装饰条的外边棱,如图6-42箭头所示。用专用工具将车顶装饰条从固定卡箍中撬出。拆卸时,必须将工具插入装饰条下面。然后沿车顶平行方向推向卡箍。安装时,更换固定卡箍,在车上标出固定卡箍的安装位置,在车顶装饰条上涂上润滑剂(例如丙三醇)。将车顶装饰条的前端推到立柱A与翼子板之间,对准车顶装饰条,使密封唇口与立柱B之间(2门车)或密封唇口与立柱C之间(4门车)形成2mm间隙。将外边棱装入卡箍,然后再用装配工具将顶盖装饰条小心敲入卡箍。**注意**:只能在卡箍区域使用装配工具。

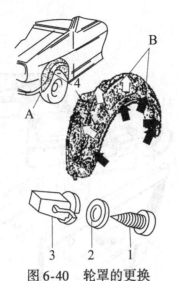

图 6-40 轮罩的更换

1-十字槽螺钉；2-垫圈；3-膨胀铆钉；4-轮罩；
A-导向装置；B-十字槽螺钉安装方向

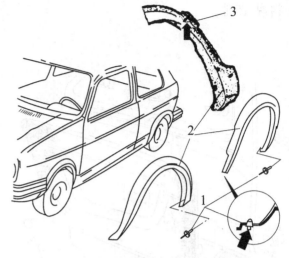

图 6-41 轮罩边缘护板的更换

1-铆钉；2-轮罩边缘护板；3-固定销

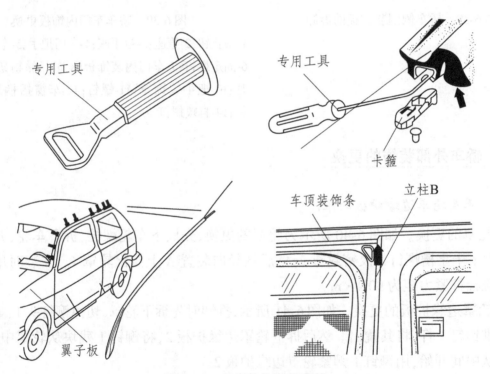

图 6-42 车顶装饰条的更换

(2) 侧围防护条的更换。

① 黏结型侧围防护条的更换，如图 6-43 所示。拆除前，用热风加热侧围防护条，为避免损坏漆面，拆卸时，需用织物将工具与车身接触部位包住。安装时，外板需用松节油清洗，然后用硅酸处理一遍，擦干并加热到约 35℃，再将侧围防护条加热约 60℃。撕掉保护膜，并将防护条定位，在保证安装位置正确的前提下用力压紧(特别是端部)。

② 卡夹型侧围防护条的更换，如图 6-44 所示。拆卸时，要用专用工具将侧围防护条与卡箍脱开，为避免损坏漆面，需用织物将工具与车身接触部位包住。安装时，旋下套筒，换用新卡箍，将侧围防护条装在卡箍上。

图6-43 黏结型侧围防护条的更换

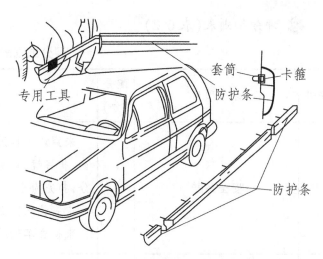

图6-44 卡夹型侧围防护条的更换

任务实施

汽车玻璃升降器更换及车门调整

1 任务实施表(表6-1)

任务实施表　　　　　　　　　　　　　　　　　　　　　　　　　表6-1

任务名称	
任务时间	
小组成员	

任务要求:
1. 作业内容
更换左后车门玻璃升降器总成,拆卸、安装和调整左前车门总成。
2. 操作要求
(1)做好个人及车辆的安全防护,查阅维修手册。
(2)正确选择、使用工具,按规范更换车门玻璃升降器总成。
(3)检查玻璃升降应自如,无卡滞等情况。
(4)正确选择、使用工具,按规范拆卸、安装车门总成。
(5)正确调整车门缝隙,使缝隙尺寸达到原厂标准要求。
3. 注意事项
(1)车门总成较重,赛场提供专用工具,不能要求裁判协助。
(2)操作过程中注意个人、车辆及设备安全。
(3)当前一位人员操作完毕后,应由技术人员对车门总成安装情况进行检查并维护到实训开始前的状态,以便后续人员操作。

2 评分细则表(表6-2)

评分细则表　　　　　　　　表6-2

序号	评分项目	配分(分)	评分细则描述	扣分	得分
1	安全防护	4	未穿戴工作服、安全鞋,或未视情适时佩戴手套、护目镜、口罩等防护用品,每项扣0.5分,共2分,扣完为止; 未安装三件套、车轮挡块,每项扣1分; 未检查车辆驻车情况,扣1分		
2	维修资料查询	4	未查阅维修手册(螺栓扭矩、拆装方法、技术要求)或给定资料,每项扣0.5分。共4分,扣完为止		
3	检查车门相关电器	2	未检查玻璃升降器、门锁、后视镜、音响喇叭工作情况,每项扣0.5分		
4	拆卸车门内饰板	10	未规范拆卸前门音响高音喇叭,扣1分; 未规范拆卸内扣手饰板,扣1分; 未规范拆卸车门内饰板,扣2分; 未规范拆卸门锁拉线,扣1分; 未规范断开线束连接器,扣1分; 带电插拔线束连接器,扣2分; 工具选择不当,扣2分,工具使用不当,扣1分; 拆卸造成零部件或总成损坏(不能用手辅助拆卸的易损件除外),每件扣5分		
5	拆卸车门玻璃升降器总成	10	未将车门玻璃降至可拆卸位置,扣1分; 拆卸车门玻璃前未进行贴护,扣1分; 未规范拆卸车门玻璃、玻璃升降器,每项扣1分; 未取下车门玻璃,扣2分; 未规范断开线束连接器,扣1分; 带电插拔线束连接器,扣2分; 工具选择不当,扣2分,工具使用不当,扣1分; 拆卸造成零部件或总成损坏(不能用手辅助拆卸的易损件除外),每件扣5分		

续上表

序号	评分项目	配分(分)	评分细则描述	扣分	得分
6	拆卸车门总成	10	拆卸前未对车门、翼子板进行贴护,每项扣2分,贴护不到位,扣1分; 未规范断开线束连接器,扣1分; 带电插拔线束连接器,扣2分; 未规范拆卸车门限位器固定螺栓,扣1分; 未分多次拆卸车门铰链固定螺栓,扣1分; 未按规范取下车门铰链固定螺栓,扣1分; 工具选择不当,扣2分,工具使用不当,扣1分; 拆卸造成零部件或总成损坏(不能用手辅助拆卸的易损件除外),每件扣5分		
7	安装车门总成	8	未按规范顺序安装车门铰链螺栓,扣1分; 未分多次拧紧车门铰链固定螺栓,扣1分; 未按规定力矩紧固车门铰链固定螺栓,扣2分; 未按规定力矩紧固车门限位器螺栓,扣2分; 未规范安装线束连接器,扣1分; 带电插拔线束连接器,扣2分; 工具选择不当,扣2分,工具使用不当,扣1分; 安装造成零部件或总成损坏(易损件除外),每件扣5分		
8	安装车门玻璃升降器总成	8	未核对新玻璃升降器总成型号及外观状况,扣2分; 未规范安装玻璃升降器总成,扣1分; 未规范安装或紧固车门玻璃,扣1分; 未规范安装线束连接器,扣1分; 带电插拔线束连接器,扣2分; 未检查玻璃升降器工作情况,扣2分; 安装拆卸造成零部件或总成损坏(易损件除外),每件扣5分		

续上表

续上表

序号	评分项目	配分(分)	评分细则描述	扣分	得分
9	安装车门内饰板	12	未正确安装门锁拉线,扣1分; 未检查门锁的机械解锁情况,扣2分,未规范检查门锁的机械解锁情况,扣1分; 未规范安装车门内饰板,扣2分; 未安装内扣手、门扶手饰板,每项扣1分; 未规范安装高音喇叭总成,扣1分; 安装顺序不合理造成重复拆卸,扣2分; 安装造成零部件或总成损坏(易损件除外),每件扣5分; 未检查后视镜、音响喇叭、玻璃升降器、门锁工作情况,每项扣0.5分,共2分,扣完为止		
10	5S	10	操作过程中工量具、工件掉落或落地,每件扣1分。共4分,扣完为止; 零部件摆放不当,每件扣1分,零部件摆放存在安全隐患,扣3分; 操作完成后设备、工量具未清洁或未归位,每项扣1分。共2分,扣完为止; 贴护未清除,或未清洁车辆、场地,每项扣1分		
11	安装质量检验	22	车门玻璃一键升降功能和防夹功能不能实现,每项扣2分; 升降转换时车门玻璃出现左右歪斜,扣5分; 车门上下错位超标,扣5分; 车门平整度超标(门边出现里外错位或交叉错位),每项扣5分; 车门锁闩位置调整不当,扣5分		
	总分	100			

 工匠人物

站上国际舞台的遂宁"工匠"——杨文浩

第44届世界技能大赛汽车技术项目银奖选手杨文浩受邀回到家乡遂宁,在遂宁市船山职业技术学校和遂宁应用高级技工学校作专场宣讲。他用亲身奋斗经历对"工匠精神"作了精彩诠释,给遂宁职校学子树立了良好的榜样。

世界技能大赛被誉为"世界技能奥林匹克"。杨文浩摘得的"汽车技术"项目银牌,实现了中国在这个赛项上奖牌零的突破。24岁的杨文浩,是西华大学研究生、四川交通职业技术学院教师。

2016年3月,在世界技能大赛四川选拔赛中,杨文浩脱颖而出,进入到四川集训队伍中,从此开始了高强度的训练生活。"早上7点到晚上11点是日常的训练时间,到参赛前的冲刺阶段,凌晨2、3点结束练习更是家常便饭。"正是经过这样的训练,在此后的全国选拔赛中,杨文浩顺利出线,成为国家集训队的一员。

在刚进入国家集训队时,杨文浩的成绩是所有入训10人中的最后一名。但从小到大的"倔脾气"是他一路走来义无反顾向前的内在动力。"不想承受失败,所以我不得不努力向前。"杨文浩说,学校的支持、老师的指导、国家集训队中教练与同伴的鼓励以及家人无声的支持,为他拨开了前行途中的层层迷雾。

在集训中,他一步步向前走,没有周末与法定假日,甚至过年也仅休息了一两天。从重庆到浙江再到全国各地的轮训,杨文浩不敢有一丝懈怠,经历了"十进五""二选一"的强竞争淘汰赛后,最终成为了唯一一位代表中国参赛第44届世界技能大赛"汽车技术"项目的选手,从最后一名逆袭成了第一名。

在第44届世界技能大赛上,"汽车技术"项目比赛历时4天,需要经历8个模块的比拼。赛场上每一位选手都是杨文浩的劲敌。随着一个个模块赛事的结束,赛况显得愈发紧张激烈,一个意料之外的状况也在这时发生。杨文浩对一个故障进行正确判断后,发现该故障因裁判失误并未设置成功。根据赛事规则,裁判暂停了杨文浩的比赛时间,重新设置障碍后再次让他进入比赛。这个意外的小插曲影响了杨文浩的比赛心理和排除故障的思路。但他很快调整自己的状态,高度集中注意力,全身心投入到接下来的赛事中,最终取得满意的成绩,获得了银牌,实现了中国在这个赛项上奖牌零的突破。

目前,四川交通职业技术学院成立了杨文浩汽车维修省级大师工作室,以工作室为平台,开展职业技能培训和承办四川省内各级汽车技术相关技能比赛。同时,杨文浩还担任着世界技能大赛汽车技术项目国家集训队教练,培养了一批该领域的人才。凭着出色的表现,他获得了"全国技术能手""全国青年岗位能手"等荣誉称号。

在生活中,杨文浩是一个热爱运动的阳光男孩。他很喜欢健身,最开始健身的目的只是想增强体质,以适应日常高强度的赛事训练需求。但如今,运动成了他最好的减压方式,他喜欢运动后的大汗淋漓、冲澡入睡后的放松。

"要成长为大国工匠,除了要有精湛的技艺,更要有扎实的理论武装头脑。"杨文浩说,接下来,他会坚持精益求精,为"中国制造"由大变强贡献力量。

思考与练习

简答题

1. 如何拆装汽车风窗玻璃。
2. 如何调整汽车车门。
3. 查找某一轿车内外装饰件的拆装资料,总结出不同车型内外装饰件的拆装共同点。

项目七
车身与车架碰撞损伤的修理

学习目标

知识目标

1. 简单叙述汽车碰撞损伤的类型和可能引起的变形;
2. 简单叙述车身车架变形的测量方法和液压校正方法;
3. 正确描述碰撞损伤修复的完整工艺过程。

能力目标

1. 会分析汽车碰撞损伤的类型和可能引起的变形;
2. 会测量和校正车身车架变形;
3. 能修复车身碰撞损伤。

素养目标

1. 树立安全意识,遵守各项安全生产规章制度和操作规程;
2. 与客户保持良好沟通,准确理解客户需求,及时反馈维修进展情况。

任务一 车身车架变形的测量

任务描述

测量轿车前部尺寸。

理论学习

一 车身碰撞的变形分析和损伤类型

1 车身碰撞的变形分析

(1)碰撞冲击力。在汽车碰撞过程中,碰撞冲击力可以分成分力,通过汽车向不同方向分散。例如,在一次汽车碰撞过程中,冲击力以垂直和侧向角度撞击汽车的右前翼子板,冲击合力可以分解成为三个分力:垂直分力、水平分力和侧向分力(图7-1)。水平分力使汽车右前翼子板横向变形。侧向分力使汽车的右前翼子板向后变形。这三个分力都沿汽车零部

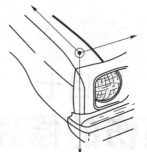

图 7-1 碰撞冲击力的方向

件传递,其能量被零部件的变形所吸收。这些分力的大小及对汽车造成的损坏取决于碰撞角度。

冲击力的损坏程度也同样取决于冲击力与汽车质心相对应的方向。如果冲击力的延长线不通过汽车的质心,一部分冲击力将形成使汽车绕着质心旋转的力矩,该力矩使汽车旋转,从而减少了冲击力对汽车零部件的损坏(图 7-2a)。

如果冲击力指向汽车的质心,汽车就不会旋转,大部分能量将被汽车零件所吸收,造成的损坏是非常严重的(图 7-2b)。

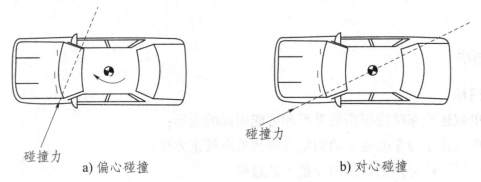

a) 偏心碰撞 b) 对心碰撞

图 7-2 碰撞冲击力与汽车质心位置

驾驶人的反应经常影响冲击力的方向。尤其对于正面碰撞。驾驶人意识到碰撞不可避免时,第一反应就是旋转转向盘以避免正面碰撞(图 7-3),从而导致汽车侧面碰撞。

驾驶人的第二反应就是踩制动,汽车进入制动状态,由于惯性的作用使汽车斜向下俯冲(图 7-4),前端下降,尾部上抬,造成垂直方向损坏和顶盖的惯性损坏。这种类型的碰撞一般发生在汽车的前脸,比正常接触位置低并导致凹陷,经常在上述侧向损坏后立即发生。如果正面碰撞中的碰撞点高于汽车的质心,将使前发动机舱盖板件和车顶盖向后移动而汽车尾部向下移动。如果碰撞点的位置低于汽车的质心,汽车的尾部向上运动,迫使车顶盖向前移动,从而在车门的前上部和车顶盖之间形成一个大缝隙(图 7-5)。

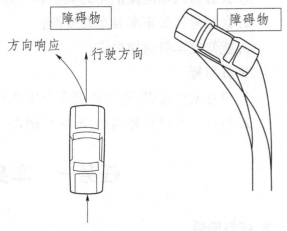

图 7-3 旋转方向导致的侧面碰撞

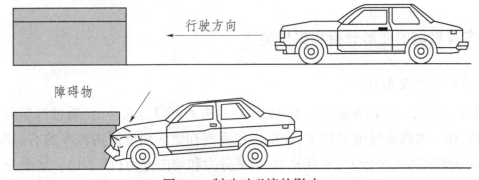

图 7-4 制动对碰撞的影响

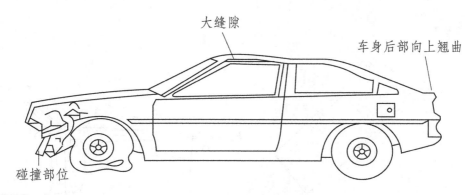

图 7-5 典型正面碰撞

碰撞损伤还取决于接触面积,接触面积越小,损坏就越严重。例如,撞击电线杆或一面墙。对墙撞击的面积较大,损坏程度就较小(图 7-6a)。而对电线杆撞击(图 7-6b),保险杠、发动机舱盖、散热器等都发生严重的变形,发动机向后移动,碰撞所带来的影响甚至扩展到后悬架。

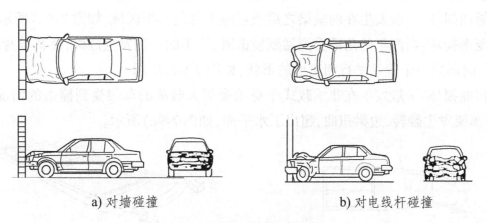

a) 对墙碰撞　　　　　　　　　　b) 对电线杆碰撞

图 7-6 碰撞面积对损伤的影响

另外,撞击时的运动状态也影响损伤类型。如图 7-7 所示,汽车 1 向正在运动的汽车 2 侧面撞击。汽车 2 的运动将汽车 1 向侧面"拖动",使汽车 1 遭受向后和水平两个方向的撞击力。

(2)撞击力的传递。

现代汽车车身是一个刚性结构体,刚性连接点将把冲击力传递给整个汽车上与之连接的钣金件和汽车零部件,因此,大大降低了汽车的结构变形。

例如,如图 7-8 所示,假设汽车前角受到一个力 F 作用,B 区域将会变形,减小了 F 冲击作用,剩下的冲击力 F_1 传递到 C 点,金属将发生变形,能量继续减小到 F_2,F_2 分解成两个方向传递到 D 点,冲击力继续减弱传递给 F_3,所受到的力继续改变方向并冲击着车身的支柱和车顶盖,E 点的冲击力 F_4 继续减小,汽车车顶盖金属轻微变形,在 F 点几乎不再有冲击力,也不再发生变形。碰撞能量大部分都被汽车零部件所吸收。刚性连接点、结构件、钣金件都可以吸收能量。不仅这些部分可以直接吸收碰撞能量,而且其他与该点相连零件也会发生变形。

2 碰撞损伤类型

车架和车身碰撞的损坏可分为五种不同的形式:侧弯、垂直弯曲、皱曲损坏、菱形损坏和扭曲损坏。

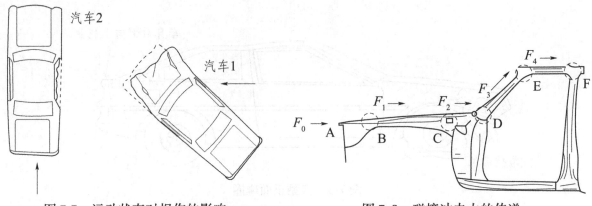

图 7-7 运动状态对损伤的影响　　　　图 7-8 碰撞冲击力的传递

(1) 侧弯：侧向碰撞时，汽车的前部、中部或后部会向左或向右弯曲，发生侧弯损坏，如图 7-9a) 所示。

(2) 垂直弯曲：当前后碰撞时，汽车会产生垂直弯曲变形，如图 7-9b) 所示。

(3) 皱曲损坏：一般发生在前横梁之后或后轴上部的车架区域，如图 7-9c) 所示。

(4) 菱形损坏：当汽车的角部受到猛烈撞击时，汽车的一侧发生位移，使其车身和车架不再是方形，而形成一个接近平行四边形的形状，如图 7-9d) 所示。

(5) 扭曲损坏：一般发生在非承载式车身承受很大载荷的车架受到撞击的情况下，这种碰撞使得车架发生翻转，边梁扭曲，超出了水平面，如图 7-9e) 所示。

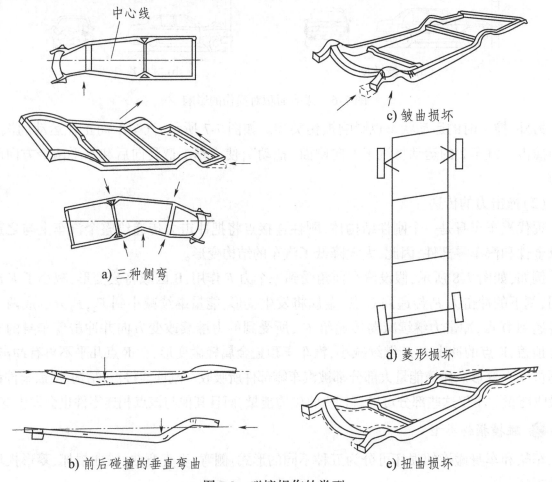

a) 三种侧弯
b) 前后碰撞的垂直弯曲
c) 皱曲损坏
d) 菱形损坏
e) 扭曲损坏

图 7-9 碰撞损伤的类型

当一辆车发生事故时,一般应该对其进行车身、车架检查,确定受到的损坏程度。当汽车前部受到撞击时,不管它是非承载式车身还是承载式车身,受损的顺序大致如下,首先是侧弯损坏,然后是垂直弯曲,皱曲、菱形和扭曲损坏,但还要根据受到冲击的程度来决定。

当汽车受到冲击时总能检查到一定量的侧弯破坏。当车辆受到更严重的撞击时,就会发生垂直弯曲。如果侧弯超过 13mm 或垂直弯曲超过 9mm,就会发生皱曲破坏。对非承载式车身的车架,当受到严重的碰撞时会发生菱形和扭曲破坏的情况。而承载式车身具有抵抗菱形和扭曲破坏的能力。

非承载式车身的车辆在后部发生碰撞时变形的顺序是:皱曲、侧弯和垂直弯曲、扭曲。由于车架的后面部分有较好的弹性,所以它能吸收车架受到的严重冲击,而不会使车架的中心部分受到菱形损坏。承载式车身的车辆当其后部受到撞击时,破坏发生顺序和前部受到撞击时发生的顺序一样:侧弯、垂直弯曲和皱曲。在校正车身变形时,应按变形发生的相反顺序进行。

二 车身变形的测量

碰撞导致汽车车身变形之后,车身整体定位参数就发生变化,对行驶性、稳定性、平顺性、安全性、使用性等都产生至关重要的影响。所谓整体定位参数,是指那些对汽车发动机、底盘、车身主要构件的装配位置,有着直接影响的基础数据,如:汽车的前轮定位、轴距误差和各总成的装配位置精度等。

以整体定位参数为表征的测量工作,一方面可以用于对车身技术状况的诊断,另一方面可以用于指导钣金维修。

对车身的矫正或更换主要构件,都需要通过测量来保证其相关的形状、尺寸和位置精度,维修过程中不断测量车身定位参数值,可以判定修复作业的进度和控制修复质量。

因此,以钣金维修工艺为基础的测量,一般分为三个类型:作业前的检测,旨在确认车身损伤状态和掌握变形程度;作业过程中的检测,有助于对修复的质量控制;竣工后的检测,为验收和质量评估提供可靠的数据。不论哪一种检测,都要围绕一个车身测量基准进行。

1 车身测量基准

(1)控制点。校正车身、车架时,常用到四个控制点,即前横梁、前围板横梁、后车门横梁、车身后横梁,如图 7-10a)所示。

由这四个点为边界,常把车身分为三个部分:前部车身、中部车身和后部车身,如图 7-10b)所示。

确定控制点位置时,首先在车辆的中部车身上找出一个水平面,然后在这个水平面上确定四个未受破坏的控制点的位置,这样可以确定一个未受破坏的长度、宽度和高度。如果在中部车身上找不出四个未受破坏的控制点,应该在向前和靠后的位置用测量的办法找出可以替代的控制点,直到其符合制造厂商的技术标准。

(2)基准面。基准面(基准线)是汽车设计时,为了便于测量车身高度尺寸,而假想的一个平滑的平面如图 7-11 所示。该平面与车身底板平行,并与之有固定的距离。生产厂家测量得到的汽车高度尺寸都是以该基准面为基础进行测量而得到的。它也是汽车撞伤修理的主要参考平面。

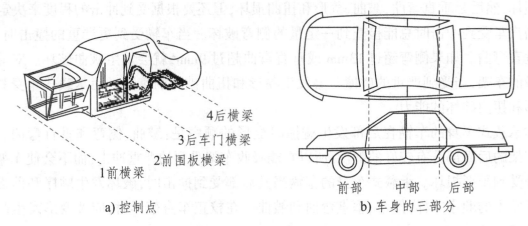

图 7-10 车身上的控制点

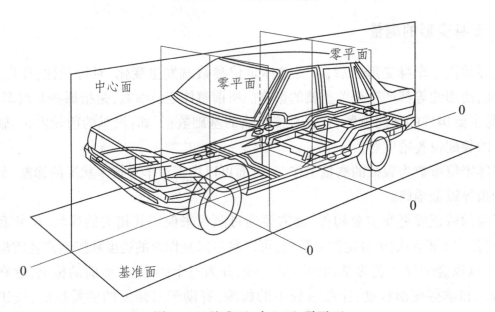

图 7-11 基准面、中心面、零平面

因为基准面是一个假想平面,所以与车身底板之间的距离可以进行增减,以方便测量。即如果测量过程中以设定的基准面安装测量仪器困难,可以调整基准面的高度,选取合适的安装位置。但应记住,最后的测量结果应减去调整值。基准面读数可以采用单独的测量仪器,通用测量仪器或激光测量系统进行测量。

(3)中心面(线)。中心面也是一个假想的平面,它在长度方向将车辆分为相等的两部分,即左半部分和右半部分。所有的宽度尺寸或横向尺寸都是以中心面为基准测量的,如图 7-11 所示。对称车辆右半部某一点距中心线的测量结果与左半部相应点上的测量结果是相等的。

大多数汽车均是对称的,但有些车辆是非对称的。当修理这种类型的车辆时,从汽车技术资料的车架数据表得到的车身下部的测量尺寸必须转化为自定心量规的测量尺寸,这样可以弥补测量结果的差值。如果使用通用测量仪,那么应采用车架数据表来选定测量点。

(4)零平面(线)。为了正确分析车辆的损坏情况时,前面我们将其分成如图7-11所示的前部、中部和后部三部分,分割三部分的基准面称为零平面。汽车撞伤时往往影响多个部分。但因为车身中部被制造得很坚固用以保护乘客,不会轻易地弯曲。所以,通常采用这个部分作为了一个测量基准,来测量不同零部件的宽度或长度。

在这个部分的边缘上定义了前后两个零平面。前面的零平面在前围板横梁处,后面的零平面在后车门横梁处,如图7-11所示。长度方向的测量结果就是以零平面为基准而测得的。之所以要设立两个零平面,是因为车辆可能发生前部或后部的损坏或者两部分都受到损坏,所以必须有一个永久性的参考点来进行长度的测量。

❷ 车身测量方法

对车身整体变形的测量常用方法有以下几种。

(1)测距法。

测距法可以直接获得定向位置点与点的距离,是最简单、实用的一种测量方法,它主要通过测距来体现车身构件之间的位置状态。

对于如图7-12所示的车架,发生变形时可以运用测距法进行测量。将车架置于平台上并按一定的高度支稳,用高度尺逐一测量各基准点与平台的垂直距离,就可以分别得出车架垂直方向上的相关参数。

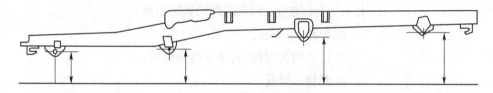

图7-12 测距法测量车架

车身尺寸应利用车辆的控制点测量。大部分控制点实际是车辆结构件上的孔,尺寸就是孔中心间的距离(图7-13)。校正车身板件时,必须首先进行精确测量。通常采用对角线测量的方法,它能提供快捷、准确的测量结果。如图7-13所示,采用对角线测量方法,可以非常方便地判断左右对称的车身是否发生翘曲。当无法找到发动机舱、车身底板等部位的原始数据时,或车辆在翻车事故中严重损坏时,均可采用对角线测量方法。车架、车门框、行李舱框、底板部件的尺寸可以从制造厂商那里得到,也可以从一个没有损坏的同型号的车上测得所需的结果。

测距法所使用的量具是钢卷尺、专用测距尺等。钢卷尺的使用方法简便、易行,但测量精度低、误差大,仅适用于那些要求不高的场合。尤其是当测量点之间不在同一平面或其间有障碍时,就很难用钢卷尺测量两点间的直线距离。使用专用测距尺,可以根据不同位置将端头探入测量点,应用起来显得十分灵活、方便。当用钢卷尺测量控制点孔的直径时,最好按如图7-14所示的方法测量,即从卷尺的一个整数(如10cm)处开始测起,而不是如图7-15那样,这样可以避免由于卷尺头部挂钩的松动而引起的测量误差。

当用专用测尺测量控制点孔的直径时,孔径常比专用测尺测头的直径大。为了正确地用专用测尺进行测量(当两孔的直径相同时),应测量两孔边缘之间的距离,如图7-16所示。

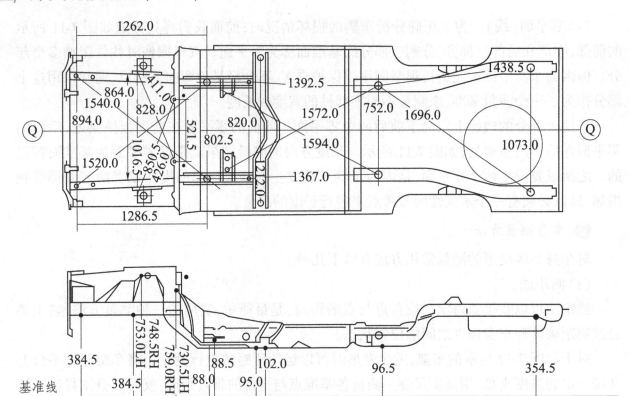

图 7-13　制造厂家提供的车架尺寸和技术要求

注：1. 尺寸均为点到点之间的实际距离；

　　2. 公差：±3mm；

　　3. 尺寸均为对称的，除非特别说明；

　　4. 测量下缘孔。

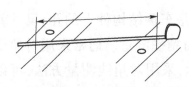 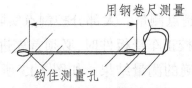 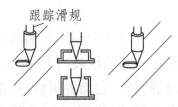

图 7-14　正确用卷尺测量　　图 7-15　钢卷尺的错误用法　　图 7-16　滑轨尺测量孔径

当两孔孔径相同时，测得的孔同侧边缘之间的距离即为中心距。当被测各孔的大小不相同时，可先测内边缘之间的尺寸，然后测外边缘之间尺寸（图7-17）。将两个测量的结果相加再除以2即为中心点距离。例如，两个圆孔一个直径为10mm，另一个直径为20mm，两孔内缘间的尺寸为750mm，孔外缘之间的尺寸为780mm。则中心距是(750 + 780) ÷ 2 = 765mm（图7-17）。

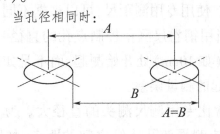 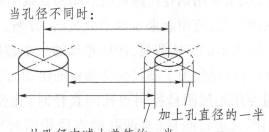

图 7-17　孔径的测量与计算

测量值必须记录并通过另外两个控制点进行互相校核,其中至少一个为对角线测量值。

制造商规定了汽车的正确尺寸和技术规格。如果没有制造商的技术规格,可以根据相同汽车车身的位置参数作为基准目标来进行测量的。测量中应注意,不能以损伤的基准孔作为测量依据。

(2)定中法。车身的许多变形,尤其是综合性变形,用测距法测量往往反映出的问题也不够直观。如果使用定中规法,就可以比较好地解决这类测量问题。定中法就是在控制点基准孔中悬挂定中规,通过观察定中规间的相对位置来判断车身的变形。

测量时,首先将一个量规悬挂在发动机围板下,另一个放在后座椅下或轻型货车的驾驶室后,然后查看量规是否平行,若定中规的尺面出现不平行时,可以判断为扭曲变形(图7-18),如果两个量规在一个水平上,则不存在任何扭曲。下一步,在车辆前面悬挂一个量规,通常置于散热器支架下面。再在车身后部的车架纵梁上悬挂一个量规。若定中销发生左右方向的偏离时,可以判断为侧弯(图7-19),若尺面的高低位置发生错落时,则可以诊断为垂直弯曲(图7-20)。

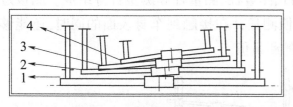

图7-18 定中规显示扭曲

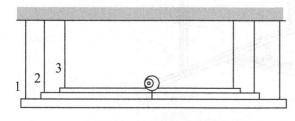

图7-19 定中销检查侧弯

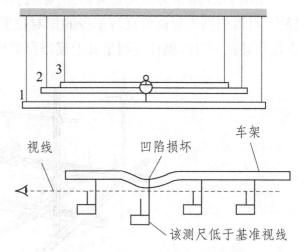

图7-20 定中规显示垂直弯曲

使用定中规时,应先查阅车身尺寸手册,以确定定中规的位置和高度。并根据具体情况,有针对性地做好对称性调整。否则,会影响测量的准确性。选择定中规挂点时,一般应以基准孔为优选对象,并注意检查基准孔有无变形等,当左右基准孔的高度不一致或为非对称结构时,要通过调整定中销的位置或吊杆(吊链)的长度加以补偿,其调整值应以车身尺寸图中提供的数据为准。要想对垂直方向上的弯曲作出精确诊断,应保证定中规的吊杆长度符合要求。也就是说,当其中一个定中规的高度确定后,应以参数表规定的数据为准,对其他定中规吊杆的长度,按高低差作增减调整,使悬挂高度符合标准。

对于非承载式车身车辆,应使用专用测尺,对车辆进行交叉检查以确定驾驶室下部是否有菱形变形。不可使用驾驶室支座螺栓检查,应使用车架上的孔或铆钉。如果在交叉检查中至少存在6mm差值,则存在菱形损坏(图7-21)。

(3)坐标法的应用。坐标法适用于像轿车那样的多曲面外形车辆的车身壳体表面的测量。

坐标法的测量原理是用测量架采集被测点上X、Y、Z三个方向的数据,如图7-22所示,通过用一组平行于XZ平面的平行平面,截取被测件型面,交线即为所在面的曲线。同理,也可用平行于 YZ 平面的一组平行面测得各截面曲线。将两组测得的曲线组合,即可获得该构件曲面形线的坐标参数,圆滑连接便可形成该构件表面实样测绘图。对测量结果进行对比、分析,车身构件的外观形状误差便可体现出来。

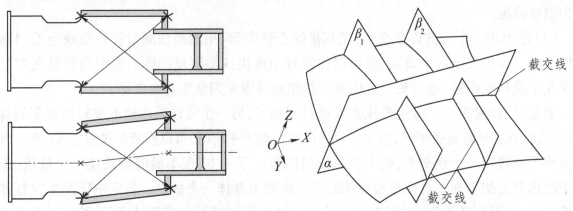

图 7-21　不等对角线侧脸显示菱形变形　　　图 7-22　坐标法测量原理

如图 7-23 所示为桥式测量架,由导轨、移动式测量柱、测量杆和测量针等组成。测量过程中,可以根据需要调整其与车身的相对位置,使测量针在接触到车身表面的同时,还能够直接从导轨、立柱、测杆及测量针上读出所对应的测量值。

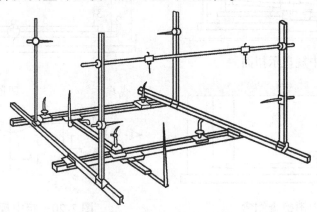

图 7-23　桥式坐标测量仪

图 7-24 所示的激光测量台。测量时光源发出的聚光束,可将光点投射在各塑料标尺上,故读数既直观又方便。尺寸测量架可分别检测车身其他方面存在的变形。这种变形测量台,可与修理矫正装置配套,实现了车身修理过程中的精确检测。

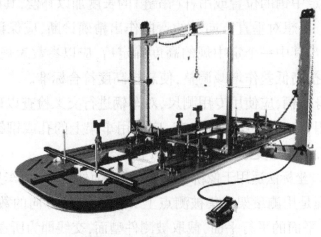

图 7-24　激光坐标测量台

任务二　轿车前部碰撞变形的校正

任务描述

一辆轿车前部碰撞变形严重,需要校正。

理论学习

一　车身车架变形的液压校正

校正就是通过外力的牵拉,使车架、车身表面几何形状和尺寸恢复到原有状态的工艺过程。伴随着校正的进程,有时还需对局部进行必要的修整,使之更好地复原。

1　车身固定设备

对于车身的拔拉牵引校正,必须保证车身固定,否则,在拉力作用之下会产生整体位移,达不到牵引校正的目的。常见的车身固定设备有以下几种。

(1)地锚式车身固定设备。

地锚式车身固定设备是利用地锚固定车身的底板纵梁和车架来矫正车身(图 7-25)。这种方式可以防止因矫正而造成二次损伤,牵引力的方向与大小也比较容易控制。

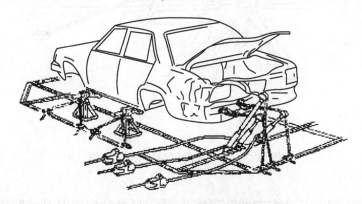

图 7-25　利用地锚固定车身

地锚与地面的固定方式有两种:一种是与地面位置相对固定的埋入式地锚,另一种是能与地面位置相对移动的滑动式地锚。前者施工简便、易行,但灵活性较差,后者虽然施工复杂些,但车身固定点的可选范围较大,灵活性好。

使用地锚式车身固定设备时,用车身固定器来夹持车身某一部位,且其底座又能用螺栓固定在地板导轨上,使整个车身处于固定位置,其安装示意如图 7-26 所示。安装时先用千斤顶将车身支起使轮胎脱离地面,然后在车身特定的位置安装固定支架并将此处夹紧,再将支架底部移动到底架系统适当位置,初步安放地脚螺栓,最后在车身的四个支点均已夹紧且高度调节合适之后,将所有地脚螺栓拧紧。这样,整个车身就被固定夹持住了。汽车固定好后,就可以沿任意方向、绕车身 360°进行牵拉了。

应用这种方式固定车身时,还应注意分力对矫正作业的影响。由于固定点与地面存在着高度差,所以在进行水平方向的矫正时,拉链受力后将产生一个向下垂直分力。拉链与地面的夹角越大(拉链短)则垂直分力也越大;反之,拉链与地面的夹角越小(拉链长)则垂直分力变小。因此,除非是较小的车身变形,否则都要拆除汽车底盘的悬架装置,改用可靠的刚性支撑。

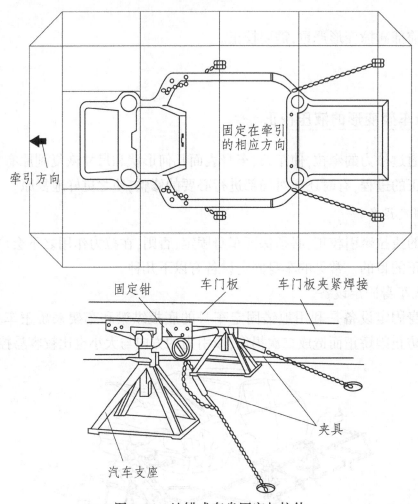

图 7-26 地锚式车身固定与拉伸

(2) 台架方式。

台架方式可以同时进行任意方向的矫正作业,能有效地使变形及其关联损伤一并得到矫正。

如图 7-27 所示为一典型的台架式矫正设备。这种台架矫正装置不仅可以方便地固定车身,还可以垂直升降并为测量工作提供了很大的方便。矫正与定位都是在同一台架上进行的,故操作过程中一般不会发生位移误差。作业前的检测、矫正过程中参数的校核、竣工验收的质量评价等工作,都可以在台架上依次完成。

对于非承载式车身的车辆,可以通过用适当的锚钩挂到车架纵梁的固定孔里或锚固到车架横梁接合处和交叉处来固定汽车。车身两侧都应该具有对称的锚钩。

对于承载式车身的车辆,其典型连接与固定方式如图 7-28 所示,在车门槛板上,采用四个车身固定夹具,夹具的下部与台架横梁固定,上端则通过夹板、螺栓与车身门槛下边缘牢固地连接在一起。为了适应不同的车身宽度,一般固定架还可以沿车身的宽度方向水平滑动。如果车身的宽度与台架的差距较大,也可以借助贯通的中间轴和拉臂将车身固定在台架上。承载式车身上必须有至少四个锚固点,每个锚固点有一个夹具,根据不同的车身结构需要可增加锚固点。

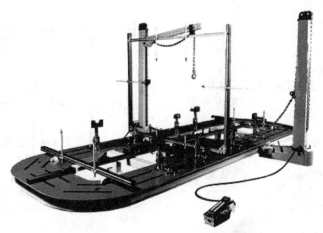

图 7-27 典型的台架式矫正设备

❷ 液压校正设备

固定好了车身,我们就可以用液压校正系统进行牵引、拉伸、扩张等校正工作了。下面我们首先了解一些液压校正系统的基本知识。

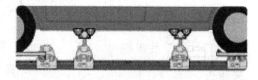

图 7-28 车身在台架上的固定

如图 7-29 所示为一种轻便液压杆系统,它利用手摇液压泵提供压力能,通过液压驱动各种用途的液压缸,实现推、拉、顶、扩等动作。其基本组成如图 7-30 所示。在液杆两端装上适当的端头,可以满足车身内部两点间校正尺寸的需要,如图 7-30 所示。适用于推压、展宽、夹紧、拉拔、延伸各种情形,其端头的形式是不相同的。轻便型液压杆在车身校正上的应用如图 7-31 所示。

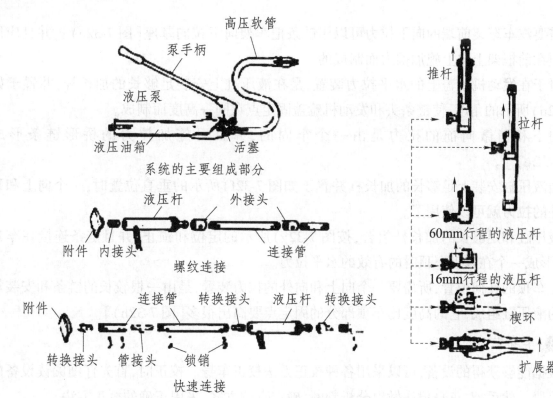

图 7-29 轻便液压杆系统

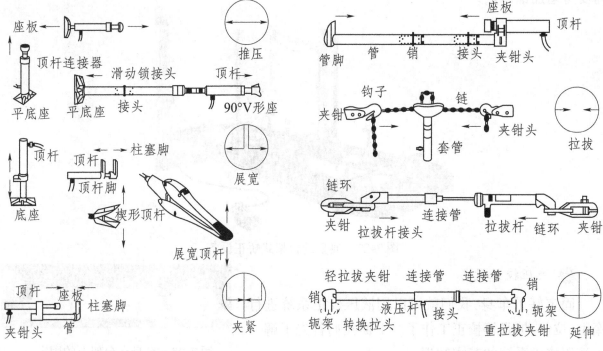

图 7-30　液压系统的推压、展宽、夹紧　　　　图 7-31　液压系统的拉拔、延伸

以下是几种最常用的单一牵拉装置示意情况,可根据实际情况灵活运用。

如图 7-32a)所示为把液压缸安置在与地面近似成 45°角的位置,并且与固定点的高度相同,就形成一个垂直向外的拉力。

如图 7-35b)所示为使液压缸低于固定点并且接近地面就形成向下和向外的拉力装置。

需要汽车车架前端的向下拉力可以用链条把车架向下拉向基座[图 7-32c)],并且应用千斤顶在前框架上向上施加推力而制成的。

对于在发动机舱盖上的水平拉力装置,是在液压缸上安装足够长的加长杆,并置于如图 7-32d)所示的角度,使链条头和发动机舱盖固定点在同一高度而制成。

向下和稍微向前的拉力是由一个牢固的,并且可施加拉力的桥形链条形成[图 7-32e)]。

当液压缸安装上足够长的加长杆并置于如图 7-32f)所示的垂直位置时,一个向上和稍微向外的拉力就可以使用了。

液压缸和足够长的加长杆组合,按图 7-32g)所示的定位和锁止,并且链条连接在车顶上,就形成一个在修理车顶时的有效的水平拉力。

在车顶的任何位置,所需要一个向上和向外的拉力装置,是由一根较长的链条和安装加长杆的液压缸组成,它的高度比车顶部分的固定点要高出很多[图 7-32h)]。

❸ 车身变形的校正

根据能够获得的设备,可以采用各种校正方法校正车身。校正时,首先仔细阅读设备的操作手册。然后,对车身损伤做出分析判断,确定牵拉方案,采用正确的校正方法。

校正车身变形时,首先固定汽车,然后安装用来拉伸板件的夹具。如果夹具不能精确地安装在变形部位,可以在这个部位暂时焊接上一块钢板,修理完成后,再拆下这块临时钢板。

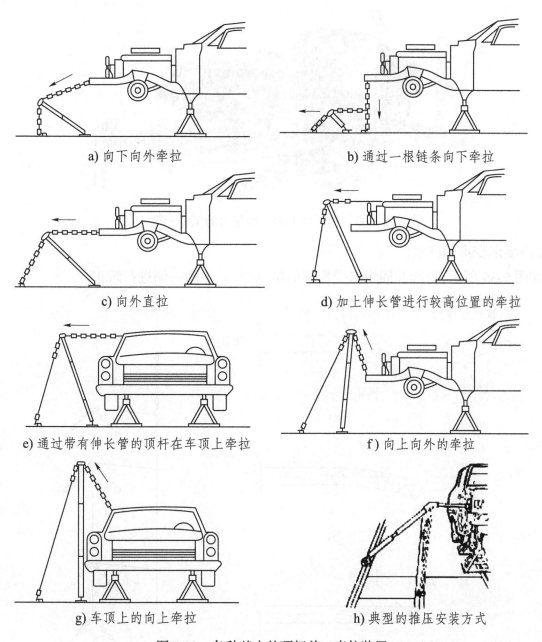

a) 向下向外牵拉　　　　　　　b) 通过一根链条向下牵拉

c) 向外直拉　　　　　　　　　d) 加上伸长管进行较高位置的牵拉

e) 通过带有伸长管的顶杆在车顶上牵拉　　f) 向上向外的牵拉

g) 车顶上的向上牵拉　　　　　h) 典型的推压安装方式

图 7-32　各种基本的顶杆单一牵拉装置

大多数损坏的板件必须在多个点上固定并且从几个方向同时拉伸。这就需要用到具有多方向拉伸能力的工作台或台架(图 7-33)。多方向拉伸系统可以对拉伸进行控制,提高拉伸的准确性。由于当今汽车结构方面的原因,很多情况下,在一个点上的材料强度不能承担足够的拉力以完成修理,所以,拉伸负荷要分配到若干个点上。利用多点拉伸也可以减少在单一方向所需的拉力,从而避免撕裂轻而薄的金属钣金件。

校正时,先从最后被损坏的开始,然后逐步到碰撞接触的部位。每一次拉伸必须缓慢并且分步进行。为确保钣金件向正确方向变形,而且不被拉伸过度,在拉伸的过程中,要经常测量。最好边拉伸、边用弹性手锤敲击,利用敲击来消除应力。

一般以构件轴线的延长线作为牵引的施力点一次完成校正(图 7-34)。但是,许多变形很难通过一次校正来完成,而是需要不断调整力的大小、方向和作用点。

图7-33 具有多方向拉伸能力的工作台架

(1)菱形变形的修复。

如图7-35所示,顶起并固定未受损坏的梁,拉伸损坏的一侧进行矫正。

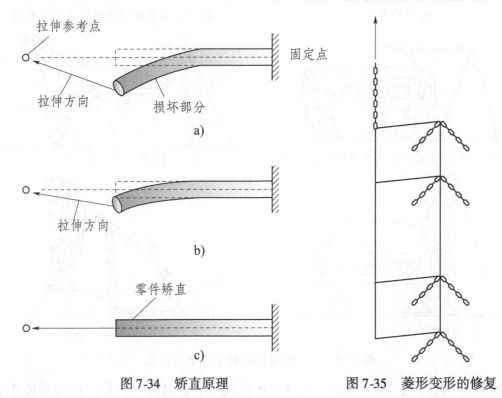

图7-34 矫直原理　　图7-35 菱形变形的修复

在拉伸的过程中,应该在车辆的中心部分仔细地进行对角线测量,以确保能将横梁拉回适宜的角度。这种损伤在承载式车身结构的车辆中不经常出现。

(2)皱曲变形的修复。

对于如图7-36所示的纵梁严重弯曲损坏,可以将校正力分解成两个方向的力,分别从垂直和水平两个方向拉伸修理弯曲部分,使尺寸达到制造厂商蓝图上的技术尺寸。

(3)侧弯的校正。

如图7-37所示,顶起并固定褶皱部位后面未损坏的车架部分,向正确的方向拉伸。

对于前纵梁弯皱(图7-38),如果纵梁凸出,则向斜前方拉,如果纵梁挤入,则向正前方拉。

(4)"香蕉"式侧弯的校正。

如果车门槛板的中央部位受到严重的撞击,底板将产生变形,并且车身将呈现一种像一只香蕉的弯曲形状。矫正这种损坏应将车身两端向两边拉伸,中间弯曲的部分向外拉伸,也称为三方向拉伸(图7-39)。

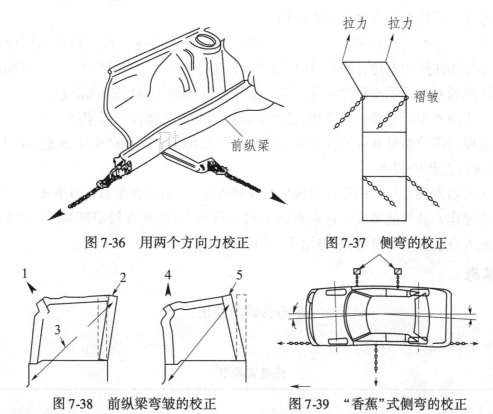

图7-36 用两个方向力校正　　图7-37 侧弯的校正

图7-38 前纵梁弯皱的校正　　图7-39 "香蕉"式侧弯的校正

与承载式车身汽车相比,非承载式车身汽车的矫正和拉伸更加困难。整个车架可能产生菱形损坏、扭曲、皱曲、凹陷或侧弯,并且尾部可能产生扭曲变形。由于存在着输油管、制动液管、车身板件以及气罐,锚固和拉伸车架就变得非常困难。因此,这些障碍需要事先拆除。固定的强度必须总是比拉伸的强度大。如果拉伸的强度大于固定的强度,车架会破坏得更加严重。修理时,要从汽车的中央向外拉伸。如果有扭曲,就要先做处理。

(5)垂直变形的校正。

将车架顶起适当的高度并固定,按需要向上或向下拉伸(图7-40)。

(6)扭曲的校正。

在前罩板下用木块垫起并用索链拉紧以固定车架。将向上翘起的部分向下拉伸,向下翘曲的部分向上拉伸(图7-41)。

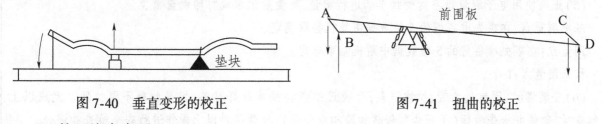

图7-40 垂直变形的校正　　图7-41 扭曲的校正

(7)校正注意事项。

①根据制造厂家的说明书,了解设备的性能及安全使用措施,正确使用校正装置。

②当要对车身和车架进行校正操作时,应该将车架或车身板件上有裂缝的地方进行焊接以避免进一步的撕裂。在所有的焊接工作完成之后,应立即在高强度钢的焊缝上涂抹富锌涂料。

③车架、车身上的损伤一般按照其受到冲击的相反的方向来消除。在大多数情况下,应采用拉的方法而不是推的方法来消除损伤。

④当对一个车架进行拉伸时,一般应对零件进行稍微的过度校正以抵消回弹的影响。应该尽量不使用加热的方法,所有工作应尽量在冷态下进行。当需要对车架零件加热时,应使用较大的喷嘴和中性焰或稍微炭化焰将要修理的区域加热到所需的温度。

⑤牵拉之前汽车车身要夹装牢固,检查底板夹钳和支架螺栓是否牢固。

⑥一定要用推荐型号和级别的金属链进行牵拉和钩吊。链条必须牢固地与汽车和支架连接,防止牵拉过程中脱落。

⑦使用大动力源对车辆的零部件拉伸时要格外小心,不要将车身板件或车架零件撕裂。

⑧严禁操作人员与链条或牵拉夹钳处于同一直线上,防止在链条断裂、夹钳滑落、钢板撕断时造成人身伤害。牵拉时,切勿用千斤顶支撑汽车。

任务实施

车身诊断与校正

1 任务实施表(表7-1)

任务实施表　　　　　　　　　　　　　表7-1

任务名称	
任务时间	
小组成员	

任务要求:
1. 操作内容
使用电子测量设备对受损车辆车身上的测量点进行测量诊断,并校正变形的前纵梁。
(1)安全正确地在车身校正平台上固定受损车辆并对夹具螺栓进行正确紧固至规定扭矩(执行设备厂商规定)。
(2)确保测量设备安装位置正确并锁定到位(执行设备厂商规定)。
(3)启动电子测量电脑,并创建一个新工作单。
(4)选择汽车制造商、品牌、车型、年款、车款,进入测量界面。
(5)正确使用电子测量设备对受损车辆进行测量,测量后记录或打印测量数据。
基准测量点:在事先准备好的5组数据中随机抽取确定。
测量点:在事先准备好的5组数据中随机抽取确定。
校正测量点:1个。
(6)安装塔柱,固定尼龙带、拉拔链条,为校正损伤和拉伸做好准备,但是此刻不要拉伸。完成以上作业后,暂停并报告教师(不报告暂停将扣除相应分数),教师将对以上操作进行安全检查和评分。
(7)用教师提供的标准数据对受损车辆进行拉伸校正(拉伸数值由教师当场给定)。

续上表

(8) 拉伸校正完毕，打印校正前后的数据报告，退出电子测量系统，工夹具归位。 (9) 对工位进行5S整理。 2. 操作要求 　　做好安全防护，正确操作测量系统，确保测量数据的准确，正确使用校正设备，操作过程科学合理，打印数据报告规范正确。 3. 注意事项 (1) 拉伸、校正时，需要做好相应的安全防护。 (2) 当前一位同学操作完毕后，应由教师对损伤进行检查，并维护到操作前状态，以便后续同学操作。

❷ 数据记录表(表7-2)

车身诊断与校正数据记录表　　　　　　　　　　　　　　　表7-2

测量点		长度测量值	宽度测量值	高度测量值
a点(基准点)	右侧			
	左侧			
b点(参考点)	右侧			
	左侧			
____点	右侧			
	左侧			
____点	右侧			
	左侧			
____点	右侧			
	左侧			
____点	右侧			
	左侧			
____点	右侧			
	左侧			
____点	右侧			
	左侧			

____点宽度标准数据(此项由裁判填写)

　　　　　　　　　　　　　　　　左：_____　右：_____

____点校正后数据(此项经裁判确认后填写)

　　　　　　　　　　　　　　　　左：_____　右：_____

3 评分细则表(表7-3)

评分细则表　　　　　　表7-3

序号	评分项目	配分(分)	评分细则描述	扣分	得分
1	安全防护	4	操作时不戴护目镜,扣1分		
			操作时不戴手套,扣1分		
			操作时不戴安全帽,扣1分		
			操作时不穿安全鞋,扣1分		
2	操作安全	10	拉伸前,用钢丝绳将链条、车身、钣金工具等连接在一起。未全部连接,一次扣0.5分;未连接,一次扣1分。共2分,扣完为止		
			拉伸前塔柱未固定,一次扣1分。共2分,扣完为止		
			拉伸时导向环手轮未松开,一次扣1分。共2分,扣完为止		
			拉伸时链条扭曲,一次扣1分。共2分,扣完为止		
3	工、量具使用	5	工、量具选择错误或使用不规范,一次扣1分		
4	紧固夹具螺栓	8	对夹具螺栓进行正确安装及紧固,每漏紧1个螺栓,扣0.5分		
5	基准点选择	4	基准点漏选或错选,扣1分		
6	测量点选择	6	每选错一个测量点,扣0.5分		
7	测量探头选择	6	每选错一个测量探头,扣0.5分		
8	测量点测量	18	每个测量点数据误差超过厂家规定(误差大于±3mm扣0.5分,误差为±3mm扣0.2分,误差为±2mm扣0.1分)		
9	确定拉伸方向和位置	8	拉伸方向和位置判断错误,各扣4分		
10	拉伸校正	6	拉伸过度后重新反向拉伸,每次扣3分		
11	校正质量检验	20	拉伸后最终测量数据超过厂家规定(每个数据10分。当误差>±3mm,扣10分;误差为±3mm,扣4分;误差为±2mm,扣2分)。校正过程中如果用手推/拉前纵梁,此项不得分		
12	5S	5	操作过程中工、量具落地或放置在平台上,物品装到衣服口袋中,每项扣1分		
			操作完成后未清洁设备、工量具、场地,设备、工量具未归位,每项扣1分		
	总分	100			

知识拓展

一　侧面碰撞损伤的修复

一般来说，承载式车身在严重侧面碰撞中，车门、汽车前部、车身中柱，甚至车身底板都会发生弯曲变形。如果前翼子板的中心区域受到撞击，前车轮将向内偏移，而且碰撞冲击波从前悬架横梁传递到前侧梁。在这种情况下，悬架零部件会损坏，前轮的定位和轴距也会发生改变。转向机构受到很大侧面撞击时，连接机构和操纵机构或齿条也会损坏。

① 修复前的准备

修理侧面中央严重损伤的车辆时，在仔细研究和分析损伤后，首先要拆下前后车门、座椅以及中间部件的装饰物。如果车顶损伤，应该拆下车顶装饰条的一部分（只有侧面损伤时）或全部。地毯和地板隔振层或隔热层也必须拆下，以使液压装置或车架校正装置不仅可以校正损坏的底梁、车门槛板和底板，而且还可以校正车身中立柱、车门、车顶盖和车顶梁等处。如果底梁、车门槛板和底板向内严重凹陷时，只能完全更换车门槛板。

② 拉伸损伤部位

如果损伤的车门槛板可以修理的话，在其表面焊接一块厚钢板，或者在其侧面钻孔。典型的连接与使用方式如图7-42所示。夹具的下部与台架横梁固定，上端则通过夹板、螺栓与车身门槛下边缘牢固地连接在一起。

正确支承推拉机水平伸缩臂的两端，或者用框架导轨支承车身中立柱相反的一侧或车架大梁的侧面。然后在不同的点施加均匀一致的拉力，沿着损伤的车门槛板或者车身中立柱基底，把底板和车门槛板逐渐拉出。同时还应选用各类油缸和拉力装置。

使用车架校正机时，通过向底板、车门槛板和支柱多点施加校正拉力，拉出损坏的部分。如图7-43所示。

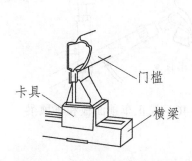
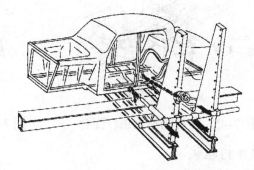

图7-42　车身与台架的连接　　　图7-43　多点施加校正拉力

对于较为严重的"香蕉形"弯曲，需要从三个方向拉伸，如图7-44所示，在施加校正拉力的同时，通过连接在车壳或车门槛板端部的链条在破坏的一侧施加扩张拉力，把侧面拉回到原始位置。无论何时，作用在破坏的地板和车门槛板上的扩张拉力总是应该大于向外施加的校正拉力。

如图7-45所示，借助拉链与液压顶杆可将门柱牵引复位。液压顶杆在这里就起纵向牵引的作用。

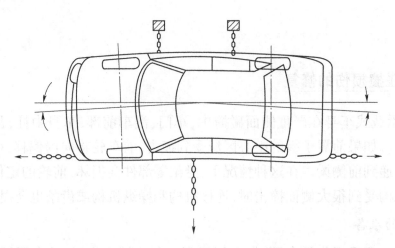

图7-44 从三个方向拉伸校正"香蕉型"弯曲

在拉伸时,如果出现压焊点破坏或金属撕裂应该马上用气体保护焊焊机焊好,然后再重新施加校正拉力。底板和周围金属的重叠和皱曲可以用钣金锤逐个消除。

❸ 校正车顶面板和车顶梁

车顶面板和车顶梁也可以用车身车架校正装置,通过在中立柱顶端接近车顶梁的地方施加一个向外的拉力,进行校正。它不需要重新定位或改变推拉机的挂钩位置,仅在中立柱高一点的地方应用一个液压拉链装置就可以校正。

随着车顶面板和车顶梁的慢慢拉出,车顶面板的中央隆起部分和周围破坏的区域,用液压装置和附件抬升金属板(V形槽和凹陷),逐渐推平和校直(图7-46)。另外,还可以使用弹性锤法敲平金属。

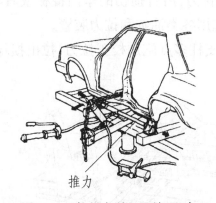
图7-45 拉链与液压顶杆配合

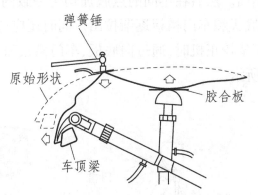
图7-46 校正车顶面板和车顶梁

❹ 更换车门槛板

按拉伸法校正底板以后,用气动錾、火焰切割器或点焊切割机切断焊点,或者钻掉焊点,把车门槛板完全拆下。

切割时应选择合适位置,如图7-47a)中的白色区域,或7-47b)中的方框区域。

焊接时,把车门槛板和中立柱底端正确定位,并用新更换的或修复好的车门精确检查,然后用气体保护焊焊机把它们牢固地焊接在一起。

当点焊高强度钢面板时,应尽可能采用原厂的方法,使用相同数量和规格的焊点,并且使它们的位置与原厂位置相同。遵循这样的程序不仅可以达到原厂的外形,而且还可以保证框架的长度不变。

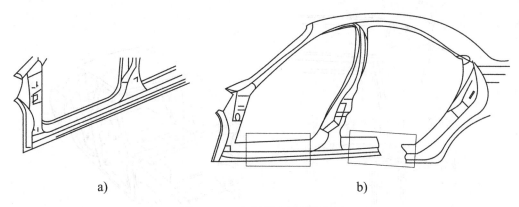

图 7-47　车门槛板切割位置

如果车门槛板不是严重锈蚀或者损伤得太严重，经常通过更换外侧部分进行修理。其他部分不必拆下，只需粗略校直，与新面板合适匹配即可。然后，把上边缘点焊到正确位置，把它的底边点焊到旧车门槛板总成的垂直部位。车门槛板后部搭接部位首先用点焊焊接，然后用校平、填充黏合物等常规方法进行修复。

❺ 更换车门面板

前、后车门经常用新面板来更换严重破坏的外面板。用砂轮机打磨掉车门面板的折边，就可以把它们从门框翻边上分离下来（图 7-48）。从车门板顶部、焊缝线（它经常覆盖镀铬饰条）或者车窗底部区域切开，然后把车门翻转过来，拆下保留在门框上的翻边。

校正车门框架及内部的结构。对于部分更换的面板，要精确控制切割面板的尺寸，并且在内侧使用防撞材料和缝隙密封条。新面板用虎口焊接钳牢固地夹在门框边缘上定位并且搭焊。最后把车门吊装到合页上，检查其定位和匹配情况。

车门必须完全与车门框吻合，其框架或内部结构没有任何扭曲和弯曲，然后弯折修理面板翻边的保留部分，每隔 38～51mm 进行一次点焊。在车门安装到汽车上之前，应该完成全部焊接工作。

❻ 车身侧面碰撞修复的测量

在修复前和修复中以及修复后都要通过测量来确定损伤的程度、修复的质量等。如果汽车的另一侧没有损伤，车门、行李舱盖、发动机舱盖位置正确并且功能正常，那么可以从未损坏一侧测量车门框对角线值，与损坏一侧的车门框对角线值比较来校正损伤（图 7-49）。

如果车辆两侧都遭到破坏或发生挠曲，对角线测量方法就不适用了。这时，可以对照车身尺寸图，测量车身参考孔之间的尺寸。

如图 7-50 所示为 BUICK CENTURY 车身侧面测量点及尺寸。

如图 7-51 所示为 CADILLAC CTS 车身侧面测量点及尺寸。

二　车顶面板总成损伤的修理

有时降落物会损坏汽车顶板，甚至上纵梁、后侧围板和汽车车窗都有可能损坏。如果汽车发生翻滚，车身支柱和汽车顶板将会弯曲，车身支柱两端也会受到损坏。

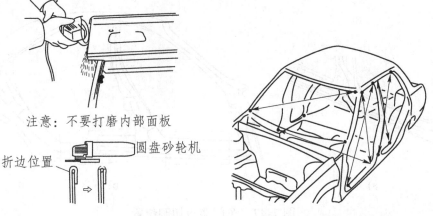

图7-48 打磨车门面板的折边　　图7-49 测量车门框对角线

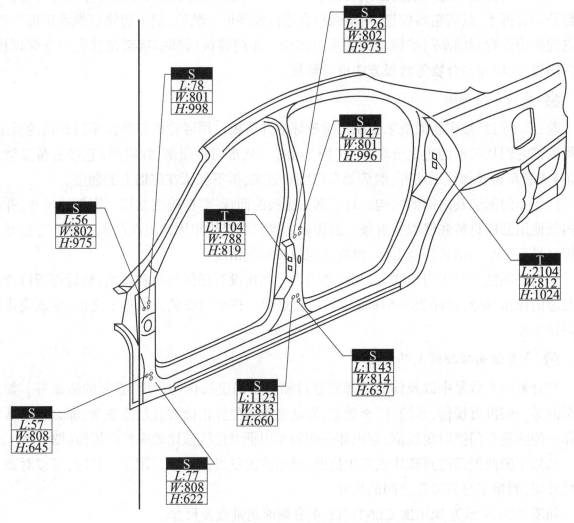

图7-50 BUICK CENTURY车身侧面测量点及尺寸

1 修理前的准备

修理损坏的车顶面板总成之前,应从车身中立柱和车门框处拆下座椅、标志、装饰物和窗帘布,然后拆下地毯、隔风板、后窗玻璃以及损坏的车门玻璃。为防止仪表板、仪器面板和车座后面的行李架被弄脏或擦伤应将它们盖住或包住。

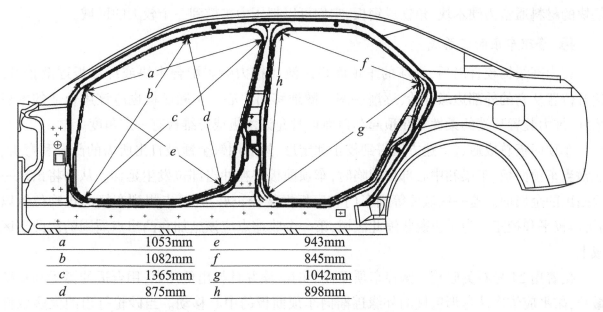

a	1053mm	e	943mm
b	1082mm	f	845mm
c	1365mm	g	1042mm
d	875mm	h	898mm

图 7-51　CADILLAC CTS 车身侧面测量点及尺寸

为了修理车顶面板总成,还必须拆除隔热和消声材料。首先拆除位于车顶梁内侧的车顶面板总成的加强横杆或弓形杆,并做好标记,以备安装时使用。然后,用氧-乙炔焊枪采用大喷嘴的碳化火焰从外侧加热车顶面板,当热量足够时,内侧的黏结剂开始软化,隔热材料就可以干净、容易地拿下,并且不会撕裂,在车顶面板修好后还可以再次装上。

❷ 校正车顶面板总成

如果车顶梁没有严重的弯曲或压垮,只是稍微向下变形,可以用液压千斤顶和正确的附件将其抬升,恢复到原始的形状和位置。

如果车顶梁不仅向下而且还向内弯曲,车顶梁之间和在防水嵌条处的车顶穹形之间的距离缩短。则可以在车顶梁之间安置液压千斤顶,把它们撑开(图 7-52),直到得到正确的侧面弯曲。

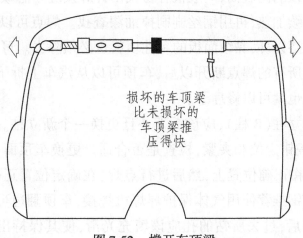

图 7-52　撑开车顶梁

如果风窗玻璃外框加强杠向下向后弯曲,引起风窗玻璃外框长度和宽度减小时,用液压千斤顶推力装置进行校正。同样的方法还可以校正和校直后车窗的变形。

操作过程中必须注意不要压扁和弄弯车身的内部结构,可以采用适当的垫块加以避免。

垫块的材料通常为硬木块、角铁或钢板,它们可以把压力扩散到一个较大的区域。

❸ 修理车顶面板总成

在内部结构校直以后,损坏的车顶面板用液压推力装置配合木块或纤维板逐渐抬升。抬升位置从它的外部边缘开始,逐渐一圈一圈地移向中心。车厢底板也应该用合适的木板垫好,推力装置顶端的柔性头在顶起车顶面板时允许木板或纤维板有一定角度。

车顶面板总成通过上述方法得到校正和定形,然后用钣金锤敲打出所需的凸脊和弯折。通常当车顶面板、车梁和中心部位凹陷时,车顶面板将在冲击部位发生延伸。从而将出现一块凸出的金属面。这一区域要等到车门和底板框架校正好,并且点焊到车辆的正确位置以后,再校平和校正。为了正确收缩此区域,第一个收缩点应该施加在凸出点周围的次凸出区域上。

接着用24号石英砂轮打磨掉车顶面板上的油漆并且找出低洼点,用合适的锤子和顶铁敲平,敲平应依次从穹形区域的外缘逐渐向车顶面板的中心移动。当砂轮打出的大多数低洼点被敲平后,再次打磨车顶面板,重复上面的过程,直到把损坏的金属打磨光滑。然后用砂轮机进行最终打磨。首先使用24号砂轮,接着用36号砂轮,最后用50号砂轮完成打磨。对车门、风窗玻璃外框和后车窗上面的车顶梁要进行仔细检查,保证它们能正确地安装玻璃。

在车顶面板完全修复以前,必须先将汽车的整个车身校正完好。

❹ 更换车顶面板

如果车顶的损伤范围很大而不能修理时,必须更换。但要注意在车顶的内部结构(车顶梁、风挡和后窗加强板)和车身立柱的破坏被校正之前,一定不要拆下损坏的车顶。

校正完成以后,可以沿着车身槽、面板接合处和车门框上边缘切开焊点和焊缝,把车顶从车身上拆下。

通过查看和触摸车顶的内表面,一般很容易找出钎焊接缝。隐藏的、难确定的焊点可用碳化火焰在焊点区域持续加热,再用钢丝刷刷掉油漆查找。焊点可以用6mm钻头钻透或者用其他工具切断。除油漆以外,黏结面板的黏性填料也必须除去。可以采用熔化黏结剂,用刷或擦的方法。车顶上所有的焊点断开以后,车顶可以从汽车上拆下,对于车顶梁、风窗玻璃外框和后车窗加强板也就可以修理了。

对于严重损伤的中立柱(B柱),应该拆下并且更换一个新立柱。在点焊到车门槛板和车顶侧梁以前,首先用虎钳定位和夹紧,检查是否合适。更换车顶面板时,先用自锁焊夹或C型焊夹将其紧紧固定在正确位置上,然后进行点焊,在确定位置正确无误后,再牢固地焊接到一起。对于高强度钢推荐使用气体保护焊焊机焊接,车顶翻边可以焊到内部结构的接合处。当车顶焊接到位后,过去所钻的孔应该填充光滑,使其保持出厂时的外观。前立柱(A柱)或风窗玻璃中央立柱的接合处是搭接接头,应该像工厂里一样使用钎焊。在钎焊到一起之前,特别注意要适当加热金属至鲜红色。

对于所有的面板接头应该涂黏结剂。车顶、车缘槽或防水条,风窗玻璃外框和后车窗的不平处,应该修整光滑。点焊的车顶翻边在车缘槽或防水条周围要进行密封。

三 汽车尾部损坏修理

1 承载式车身汽车尾部碰撞

因为后部钣金结构与前部相比较更复杂,碰撞损坏传递的路线更复杂,并且损坏扩展会较大,所以诊断损坏必须非常精确。

在尾部碰撞中,损坏的程度决定于如下的几个因素:碰撞面积、碰撞速度、碰撞的对象、汽车质量。当汽车碰撞冲击力相对很小时,后保险杠会损坏,冲击力还会传递到车身后纵梁或者附近的车身板,导致整个后围侧板向前移动,背板、车尾行李舱盖和车身底板、轮罩会变形。

如果碰撞非常严重,后侧围板将会脱离汽车顶板的支撑,对于四门汽车,车身中柱将产生弯曲变形。碰撞能量会被顶部的弯曲变形零部件和后侧纵梁的弯曲变形所吸收。

2 汽车尾部损坏修理

尾部损坏修复是通过在尾部纵梁、后部底板或后围侧板上固定锚钩或夹钳来进行修理。在拉伸时测量车身底部每个部分的尺寸,同时通过板件接合情况和缝隙来确定修理的程度。

牵引点尽量布置的分散些以免发生局部变形。如果只是后翼板的轻度变形时,也可用夹具于内侧固定拉链(图7-53)。

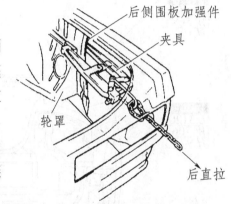

图7-53 内侧固定拉链

当尾部纵梁被撞击陷入轮罩,则在后围侧板与后车门之间将产生缝隙,可以通过拉伸尾部纵梁进行矫正。如果板件产生永久变形就必须对后围侧板进行拉伸。有时轮罩或车顶内衬板必须固定并和尾部纵梁一起拉伸,以保持与门板之间合适的间隙(图7-54)。

当车身后尾于垂直方向上发生变形时(其中包括扭曲),就需要进行垂直方向上的牵引。

3 车身后部的测量

当打开和关闭行李舱盖时,车身后部的任何损坏都可以通过外形和不对称进行粗略的评估。

此外,后底板的皱曲通常由后边梁扭曲所致。因此,车身下部和车身后部均应测量。这样才能高效地进行矫正作业。如图7-55所示为车身后部的典型测量。

当使用滑规式测尺时,必须注意下列各项要点。

(1)测量点应为车辆上的装配点,例如螺栓、螺塞或孔。点到点的测量是两点间的实际测量尺寸。

(2)滑规杆应该与车身平行。

(3)长测头的安装能对变形进行处理。

一些车身尺寸手册表示杆长度,其他一些书籍则表示两点之间的尺寸,有些手册两者都有。必须使用与手册中相同的测量方法,否则很可能会发生错误。

图 7-54 拉伸尾部　　　　图 7-55 车身后部的典型测量

如图 7-56 所示为 BUICK CENTURE 轿车车身后部的测量点和尺寸。

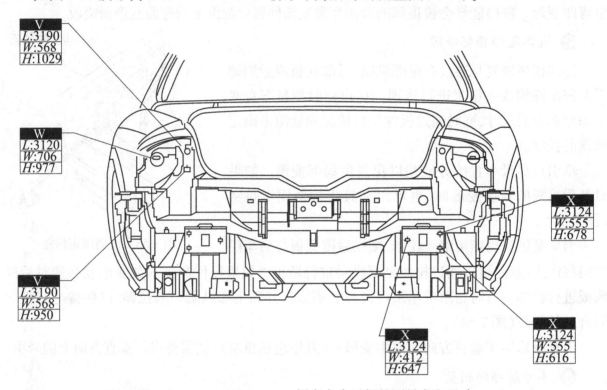

图 7-56　BUICK CENTURE 轿车车身后部的测量点和尺寸

四　应力消除

1　应力的产生

车身校正中,应用最多的是拉伸,拉伸的目的不仅是将受损的钣金件恢复到其原来形状,更为重要的是恢复到原来的状态。当要将金属板件拉伸恢复时,一方面要将车辆的车身恢复原来的形状,另一方面要释放掉车辆部件在碰撞过程中因被弯曲,而后又因受拉延展变形,吸收的所有应力,应使所有部件修理结束后板件上没有残余应力。这样才能使车辆真正恢复到原来的形状和状态。因此,将受损的钣金件恢复到原来状态需要将碰撞中引起的金属应力消除掉。金属具有"记忆"特性或者弹性,因为它"知道"自己的初始状态,一旦由事故引起的应力消除后,金属就会恢复到其碰撞前的状态和原来的形状,并保持那个形状。

没有弯曲的钣金件,其金属晶粒和原子层都处在相对松弛的位置(图7-57a)。

钣金件产生弯曲,但没有被过度弯曲,这些晶粒就会产生轻微的变形,从而产生应力(图7-57b)。轻微弯曲时,外层金属产生受拉应力,内层金属产生受压应力。如果钣金件有足够的弹性,一旦压力被撤去,晶粒就可以立即恢复到弯曲以前的状态,即原始状态。

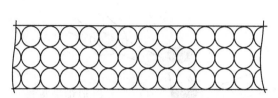

·金属未弯曲
·晶粒(原子)处于松弛状态

a)

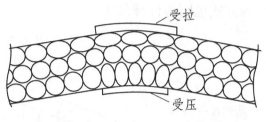

·钣金件轻微弯曲
·外层金属产生受拉应力,内层产生受压应力
·如果金属是弹性的,晶粒将恢复到松弛状态

b)

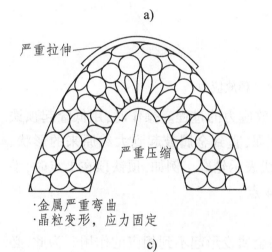

·金属严重弯曲
·晶粒变形,应力固定

c)

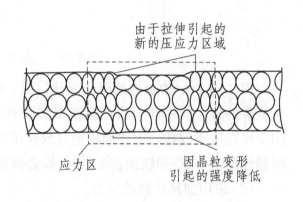

d)

图7-57 应力的产生与金属晶粒的变形

如果钣金件在碰撞中弯曲程度严重,则在弯曲钣金件的外层,在拉力的作用下产生严重的变形,金属晶粒严重扭曲。而内层则在压力的作用下金属的微粒也严重地挤压产生变形(图7-57c)。这样过度弯曲的金属会保持其受弯后的形状和状态,这种结构比受损前更坚硬并且缺少弹性,变形扭曲的晶粒承受应力,同时应力被固定在金属内部。

当对一块这样严重扭曲的板件施加拉力,恢复到原来的形状,而没有将金属恢复到原始的状态时,金属板件受到破坏的区域如图7-57d)所示。它的外形看起来和碰撞前的形状很相似,但是晶粒结构中仍保留着变形并且有新的变形区域产生,金属内部存在应力,板件的强度将被削弱。

若应力未被消除,金属疲劳和破裂迟早要发生在这些薄弱区域,或者一旦发生再次碰撞,即使很小的力也将引起同样或更大的危害。

❷ 应力的释放

通过使用正确的方法可以将应力释放,使金属微粒恢复到原始的形态。消除应力一般有两种方法:金属冷处理法和加热法。

(1) 金属冷处理法释放应力。

金属冷处理法是利用一个手锤和一块顶铁或修平刀来实现(图7-58)。当拉力作用在钣金件上时，可以将修平刀垫在受损钣金件的附近，然后沿着弯曲区域，边移动修平刀边轻轻而快速地敲击钣金件。这样的敲击可以使金属晶粒结构恢复到原来的状态。随着金属应力的消除，可以采取附加拉伸方法，逐渐使变形的钣金件恢复到原来的形状和状态。这种应力消除的方式也叫弹性锤敲击。

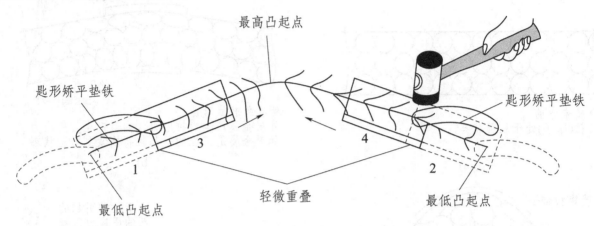

图7-58 用修平刀和手锤敲击释放应力

图7-59所示为板件的隆起部分受到了破坏时释放应力的过程。操作时，用低隆起顶铁从板件的外边向中部一次或多次敲打弹性变形的金属，直到金属鼓起到大约原来的形状。用弹性敲击或偏托敲击逐渐将金属鼓起至图中用虚线表示轮廓。例如，顶铁顶在1点时，手锤弹性敲击3点，顶铁顶在2点时，钣金锤弹性敲击4点。

(2) 采用加热法释放应力。

有的时候，金属冷处理应力消除法对十分严重的金属变形起不到相应的作用。为此，必须在使用敲击法之前对金属进行加热，刺激金属晶粒(图7-60)，使变形的晶粒在金属内部复原。

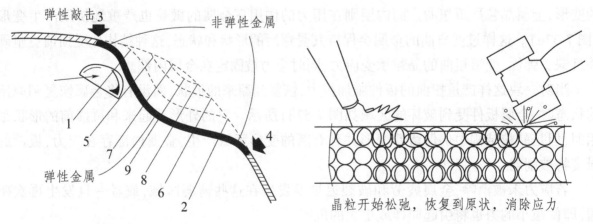

图7-59 板件隆起部分的释放应力　　图7-60 加热法释放应力

但是，加热要十分小心。过度加热会破坏晶粒结构，引起板件起皮或氧化，在一定程度上使金属脱碳，导致金属变软，强度降低，使用寿命缩短。起皮是指金属面层部分金属的丧失和造成表面的损害。金属起皮的程度取决于加热时间的长短和温度的高低。加热金属的背面产生的起皮现象要比暴露于火焰下的金属表面产生的起皮现象要严重得多。因为从火焰里喷出的燃烧气体可以保护金属表面不被氧化,直到火焰被移走。当加热使金属的背面达到某一温度时,就会发生氧化,导致起皮。重复加热会导致更多的起皮现象。

因此,在采取加热工艺时,必须遵守汽车制造商的推荐标准,参照推荐的步骤或指南来操作,避免发生上述的问题。

一般情况下应该使用略微为炭化焰的火焰来对金属进行加热。

监测金属的温度的最好的办法是使用热量色笔。色笔相当精确,具有±1℃的精确度。当金属达到色笔所显示的温度时,色笔上的标记就会液化。

每个制造厂都有其车身的推荐使用加热温度范围。通用汽车公司推荐在有可能的情况下尽量避免使用加热的办法,所有的金属都应像高强度钢那样处理,裸露的金属应被加热到480℃左右但不要超过535℃,应经常使用热量色笔来监视热能的聚积情况,金属的任何一个区域的累计加热时间不能超过2min,车门加强梁和保险杠加强件禁止被加热。

克莱斯勒汽车公司推荐所有钢材都应按高强度钢处理,加热温度不要超过650℃,车门加强梁和保险杠加强件禁止被加热。

福特汽车公司推荐在有可能的情况下尽量避免使用加热的办法。如果有必要加热的话,金属的任何一个区域的加热不要超过650℃,而且累计加热时间不能超过2min。车门加强梁禁止被加热。

由此可见有些高强度梁和加强件禁止采取加热处理工艺。有些高强度钢可以被加热到它的临界温度,并允许自然冷却而不会影响到它的强度和晶粒的结构。如果高强度钢被加热得超过其临界温度,它的强度就会被削弱而且它的晶粒也会变大,汽车上使用多种型号的高强度钢,它们的临界温度各不相同。要经常查看和遵守厂家的推荐标准。如果找不到标准,一般加热不能超过535℃,并且不许超过3min。

工匠人物

从普通装配工到汽车技能专家——张赫

张赫是河北长安汽车有限公司总装一车间汽车调试工,特级技师,兵装集团技能带头人,享受国务院特殊津贴专家。工作近三十年来,他干一行爱一行钻一行,兢兢业业,追求卓越,创新发明多项汽车问题诊断法,攻克无数技术难题,并自创编制"张赫调整法",确保河北省汽车产业战略产品新长安之星微客成功量产上市,先后荣获"河北省突出贡献技师""全国五一劳动奖章""全国技术能手"等荣誉称号。

1996年,张赫从汽车维修专业技校毕业后,先后在胜利客车大修厂、保定长城客车售后服务部工作。2005年初,张赫加入河北长安汽车有限公司,从此,开始了他在河北长安汽车公司的汽车追梦之旅。

在河北长安汽车公司,张赫开始是总装车间的一名汽车装配工,后来,又转岗从事汽车调试与维修。其间,他认真工作,虚心学习,遇到问题从不认输,而是想方设法地去解决,爱学习、爱思考、爱钻研,慢慢在公司出了名。后来,工友们在生产中遇到难题,总会想到他,经常挂在嘴边的一句话是"找张赫想想办法",而他也从来会让领导和同事们失望。

2019年、2020年,张赫还曾连续两年荣获河北省新能源汽车维修项目技能大赛的二等奖,而最让张赫感到自豪的是在国家一类大赛——2019中国技能大赛新能源汽车关键技术技能维修工项目中获得三等奖。

为弘扬新时期劳模精神,发挥劳模工匠的先锋示范作用,河北长安汽车公司成立了张赫劳模创新工作室,并明确了技术攻关和人才培养的功能定位。自2016年9月"张赫劳模工作室"揭牌以来,工作室逐渐形成完备工作运行机制,并取得了丰硕的成果。技术攻关方面,工作室团队牵头解决生产线影响质量、效率的老大难问题9项,创造经济效益200余万元。其中《解决欧诺车型制动器靠盘异响问题》《解决欧诺S后排椅安全带扣损伤问题》分别荣获2018年、2019年河北省优胜质量科技成果奖,2021年10月《降低欧诺S车型侧窗与子口间隙不均问题》项目课题获河北省质量管理小组活动一等成果。工作室制作的汽车异响听诊器被长安汽车列入猎豹计划案例进行推广,被誉为"一把神器在手,汽车异响全走"。

在张赫与全体成员的共同努力下,张赫劳模创新工作室2019年被评为"河北省劳模和工匠人才创新工作室",2020年被评为"河北省技能大师工作室"。

张赫表示,接下来,他将继续发扬工匠精神,保持"干劲、钻劲、拼劲、闯劲"不松劲,立足自己的本职岗位,与工友一道撸起袖子加油干、风雨无阻向前行,为推动企业高质量发展,实现制造强省、质量强省贡献自己的力量!

思考与练习

一、选择题

1. 承载式车身的车辆当其前部受到撞击时破坏发生的顺序一般是(　　)。
   A. 垂直弯曲、侧弯、皱曲、扭曲
   B. 皱曲、侧弯、垂直弯曲、扭曲
   C. 侧弯、垂直弯曲、皱曲、扭曲
   D. 扭曲、侧弯、垂直弯曲、皱曲

2. 当受到严重的碰撞时,(　　)车身具有抵抗菱形损坏和扭曲破坏的能力。
   A. 非承载　　　　B. 承载式　　　　C. 两种都有　　　　D. 两种都没有

3. 确定控制点位置时,首先在车辆的(　　)车身上找出一个水平面,确定四个未受破坏的控制点的位置,这样可以确定一个未受破坏的长度、宽度和高度。
   A. 前部　　　　B. 中部　　　　C. 后部　　　　D. 侧面

4. (　　)是用于测量车身高度尺寸的平面。
   A. 基准面　　　　B. 中心面　　　　C. 零平面

5. (　　)可以直接获得定向位置点与点的距离,它主要通过测距来体现车身构件之间的位置状态。
   A. 测距法　　　　B. 定中法　　　　C. 坐标法

6. 定中法测量车身的变形时,若定中规的尺面左右方向的偏离时,可以判断为(　　)。
   A. 侧弯　　　　　　B. 垂直弯曲　　　　C. 扭曲变形
7. "香蕉"式侧弯的校正应进行(　　)方向拉伸。
   A. 1　　　　　B. 2　　　　　C. 3　　　　　D. 4
8. 校正车架的扭曲时,固定车架后应将向上翘起的部分(　　)拉伸,向下翘曲的部分(　　)拉伸。
   A. 向上;向下　　　B. 向下;向上　　　C. 向上;向上　　　D. 向下;向下
9. 承载式车身轿车前端碰撞损坏的校正顺序是(　　)。
   A. 扭曲、纵向、车宽、车高　　　　　B. 扭曲、车宽、纵向、车高
   C. 扭曲、车高、车宽、纵向　　　　　D. 纵向、车宽、车高、扭曲
10. 前端碰撞损伤校正和校直,应采用(　　)系统。
    A. 单点拉力　　　B. 单点推力　　　C. 多点拉力　　　D. 多点推力
11. 前立柱(A柱)或风窗玻璃中央立柱的接合处是搭接接头,应该使用(　　)。
    A. 气体保护焊　　B. 点焊　　　　C. 钎焊　　　　D. 氧-乙炔焊
12. 在尾部碰撞中,损坏的程度决定与如下的(　　)因素。
    A. 碰撞面积　　　B. 碰撞速度　　　C. 碰撞的对象
    D. 汽车质量　　　E. 以上全部

二、判断题

1. 冲击力的损坏程度与冲击力与汽车质心相对应的方向无关。　　　　　　　　(　　)
2. 接触面积越小,碰撞损伤就越小。　　　　　　　　　　　　　　　　　　　(　　)
3. 当汽车受到冲击时,总能检查到一定量的侧弯破坏。　　　　　　　　　　　(　　)
4. 在校正车身变形时,应按变形发生的相反顺序进行。　　　　　　　　　　　(　　)
5. 对于非承载式车身车辆,应使用专用测尺,对车辆进行交叉检查以确定驾驶室下部是否有菱形损坏。　　　　　　　　　　　　　　　　　　　　　　　　　　　　(　　)
6. 校正的车身变形时,拉伸的强度必须总是比固定的强度大。　　　　　　　　(　　)
7. 当要对有裂缝的车身和车架进行校正操作时,应该先将裂缝地方进行焊接。(　　)
8. 车架、车身上的损伤一般按照其受到冲击的相反的方向来消除。在大多数情况下,应采用推的方法而不是拉的方法来消除损伤。　　　　　　　　　　　　　　　(　　)
9. 车身车架变形的液压校正严禁操作人员与链条或牵拉夹钳处于同一直线上。(　　)
10. 在前后端碰撞中,如果车架或底盘破坏,必须首先进行校正,然后再安装修复好的车身零件。　　　　　　　　　　　　　　　　　　　　　　　　　　　　　　　(　　)
11. 前端碰撞在校正时,对于严重损伤的地方,应该首先拉回到与原来位置近似的位置,同时与之点焊连接的金属也应该校正和校直,然后按需要拆卸和安装新零件。(　　)
12. 一般来说,承载式车身在严重侧面碰撞中,汽车前部不会发生弯曲变形。　(　　)
13. 在车顶的内部结构(车顶梁、风窗玻璃外框和后窗加强板)和车身立柱的破坏被校正之前,应拆下损坏的车顶。　　　　　　　　　　　　　　　　　　　　　　　(　　)

三、简答题

1. 碰撞损伤类型有哪些？
2. 何谓整体定位参数？
3. 车身、车架校正时，常用到四个控制点在什么位置？
4. 车身车架变形的液压校正时应注意哪些事项？
5. 试分析一些常见汽车碰撞损伤的原因及修复方法？
6. 金属冷处理法和加热法消除应力有何不同？
7. 试分析应力产生的原因？

参考文献

[1] 斯卡福. 汽车车身修复[M]. 李富勤,等,译. 北京:机械工业出版社,1998.
[2] 戴冠军. 汽车车身维修大全[M]. 杭州:浙江科学技术出版社,2000.
[3] 顾建国. 汽车车身维修[M]. 北京:人民交通出版社,1999.
[4] 王长忠. 焊工工艺与技能训练[M]. 北京:中国劳动社会保障出版社,2001.
[5] 雷世明. 焊接方法与设备[M]. 北京:机械工业出版社,2000.
[6] 宋年秀. 汽车车身修复技术[M]. 北京:机械工业出版社,2002.
[7] CRANDELL MICHAEL. 事故汽车修理评估[M]. 许洪国,等,译. 北京:高等教育出版社,2004.
[8] 张俊. 汽车车身修复专门化[M]. 北京:人民交通出版社,2004.
[9] 顾建国. 汽车钣金维修技师[M]. 北京:人民交通出版社,2003.
[10] GP企画室编. 汽车车身底盘图解[M]. 宋桔桔,董国良,译. 长春:吉林科学技术出版社,1995.
[11] 谷正气. 轿车车身[M]. 北京:人民交通出版社,2002.
[12] 王金泰. 汽车车身修复技术[M]. 北京:人民交通出版社股份有限公司,2022.

参考文献